佐藤初女

自分を信じて

朴才暎

藤原書店

視線——まえがきにかえて

一緒に食事をするというのは、いのちのわかちあいです。自分のお腹がすいているのに一緒になれない、食事までいかない、いのちまでいかない。それが本当に残念です。わたしは誰にでも、会うと必ず「一緒に食べる?」と聞きます。日本と韓国(朝鮮)はまだ(心が)別々になっていますが、それは両方の人びとがもう一歩深く、一つになりたいと思っていないからです。この本は、一つになりたいという気持ちで書かれました。

わたしは日本と韓国(朝鮮)の人とが、ここで一緒に食事をすればいい、そうすれば何かが生まれると思います。それが一番大事なことではないかと思います。そうでないと、いつまでたっても同じで、深くなれない。いまなんか、最もそうです。皆、それを待っているにもかかわらず、周りの冷ややかな「視線」は一掃されません。心というのは固いものですね。

わたしは前に進んでほしいと思います。わたしは現在の気持ちをさらに深めていきたい。心の一致のために立ち向かいたい。


皆さん、ぜひ、この本を読んで下さい。

わたしは朴さんが奈良の薬師寺で開いた「出会いのコンサート」のような集いを繰り返したい。戸を開けたり閉めたりして様子を見るのではなくて、いつも開けっ放しで、どんどん入ってきてもらいたい。

今は理屈が多くて、同じことの繰り返しをしています。わたしはこの本ができたことが嬉しい。それほどいつも韓国（朝鮮）に心を寄せています。少しでも戸が開いてほしい。朴さんといると、いつも思います。

小さな気持ちですが、わたしはめげずにやっていきたいと思います。

二〇一六年一月十三日　〈弘前イスキア〉にて

佐藤初女

自分を信じて——目　次

第二章　出会いは未来をひらく　65

自分を信じて

装　丁　作間順子
カバーイラスト　土橋征史

序章　二曲一双《にきょくいっそう》

（前頁写真）湯段へ向かう途上に見る、岩木山の風景

兄たち

兄はいまから五十年も昔、弘前から東京に上って大学生活を送った折り、学友たちにあまりにも頻繁に「青森に電車は走っているか」「電気はついているか」と尋ねられるのであきれて面倒になり、「電気も水道もない、もちろん電車もない」と皮肉な答えで通したという。いかにも同郷の太宰治や寺山修司などを彷彿とさせるような共通の湿った暗い反応だ。わたし自身にももちろんその津軽人DNAはある。しかしそんな風には答えず、きっとむきになってお国自慢をするだろう。

日本全国に鉄道網が走り新幹線が整備されて均一化が進み、特徴が薄らいではいても、人びとの中にまだ東北への憧れは残り、素朴で温かな人びとというイメージは強い。めまぐるしく変化する文化に取り残されたような田舎臭さと純朴は結びつけられて一つのイメージとなるが、ひがみっぽさやいじけた排他性というのも田舎にはつきものである。そのことが実感としてわたしにはあるので、日本全国を講演や「おむすび講習会」で巡ってきた初女さんに「東北は素朴と感じるか」と率直に尋ねると、しばし考え、しかし、「いや、むしろ意地悪でない？」と津軽弁での鷹揚な答えが返ってきた。

初女さんは人にたいして物腰柔らかく、老いてからはますます口数も少ない。しかし若い頃からものごとにたいして曖昧にごまかすということがなく、驚くほど意思ははっきりとしている。

偶然にも佐藤初女さんのご子息・芳信氏とわたしの兄、従兄（のちに水源導師）の三人は同じ高校の同窓生で、ことに後にカナダに移住した従兄は芳信氏とは親友であった。

わが縁戚と違い、初女さんの一人子である芳信氏は母に似て温順で素直。人をおもんぱかるリーダー・シップがあり、今に劣らず外国人、ことに在日朝鮮人に対する偏見や差別が激しくあった中でも、正義感の強い公平な青年だったという。

「人が好き」で、家に客があると聞けばその人の一番の好物を土産にし、下宿に訪ねてくる友人たちのために鍋・釜の調理器具を常備し料理でもてなすのは、母である初女さんと全く同じであった。

「息子はお人好しで、人好きですね。息子は亡くなる前にもね、『母さん、あの人、この人ってすれば駄目だよ。誰でも呼んで、ここを愉しい場所にしなければね』って、しゃべっていましたね」

家に来る人を誰かれ区別せず同じように受け入れなくてはいけないよ、と初女さん自身が、ご子息にたえず教えられていたという。

病弱だった初女さんが周囲の大反対を押し切って命がけで生んだこの芳信氏は、二〇〇二年の六月に、八十一歳の初女さんと家族を残し五十六歳の若さで急死している。その秋に出版された初女さんの『いまを生きる言葉――「森のイスキア」より』は、その日の朝の記述から始まっているが、わたしの知る限り初女さんは、亡き伴侶のこともご子息のことも、尋ねられて語りはしても、世の多くの人たちがするように自ら話題にし、繰り返し語るということがほとんどなかった。たった二度わたしの記憶にあるのは、〈イスキア〉の今後をどうするかと深く苦悩していた頃、親戚の誰からも愛されていたという芳信さんのことを想い出して、

「いま、あれが生きていてくれたらなぁ」

と述懐するようにつぶやいたのと、芳信さんが亡くなった葬儀の折に、初女さんが涙を流して泣かなかったと「周囲にいわれた」と、想い出すようにぽつりと語られた二度だけである。

佐藤芳信氏。長女・紀子さんと

五歳の感受性

「小さな時にね、私が大切にしていた人形を欲しがって持っていった人がいるんですよ、親戚でね。どうしても欲しいっていってね。自分の子どもにやりたかったんでしょうね。私はいやだったんですが、母が渡しなさいっていうんで、とうとうね。その人が六十年もたって死ぬ間際にね、『あの時は悪がった』っていうのをきいて、あー、この人もまた、長い間、心に引っかかって生きてきたんだな、って、思いましたよ」

初女さんは大勢の中で育った人である。大勢の中で育った思慮深い子どもは、多くの人をいや応もなく観察して育つ。そして誰をも頼らなくなる。疑うという意味ではない。多様性も裏表も弱さも複雑さもみせつけられて自分の立ち位置を考え、やがてすべてを静かに受け入れていく、という意味である。

初女さんがキリスト教と出会うのは、五歳の頃。これはすでに有名な逸話になっているが、かねてからその鐘の音に惹かれて気になっていた近所の教会に、二歳上の従姉と連れ立って訪れた日が始まりである。教会に到着した頃には鐘の音はすでに止んでいたが、前庭に花の咲く美しい教会の佇まいに幼い初女さんは強く心揺さぶられ、啓示を受けたようにキリスト教を胸に刻み憧れて生涯を歩むことになる。そのとき一緒に鐘の音を聴いたはずの従姉は教会に行ったことさえ覚えていないという。

「伯母はね、鉄道の枕木を扱う家に嫁いでいたんですけど、青森（市）から少し離れたところだったんで、やっぱり子どもの教育のためには青森がいいだろうということで、従姉は祖母のところに預けられていたんですよ」

伯母の家は、初女さんの母トキさんがことあるごとに初女さんの幼心に心配りをせねばならぬほど、佐藤家とは格差のある恵まれた境遇にあった。

従姉妹同士の二人をなるべく同じように遇し行動させようとした祖母の配慮にもかかわらず、当然ながら二人のその後の人生はまったく別の志向になった。

「感受性」や「出会い」というのはそういうものだろう。

〈イスキア〉の発進

初女さんが生涯信じ帰依したのはただ一つ、キリスト教の神の教える道だけである。九十四歳になった初女さんは、

「いま振り返ってみても、これでよいと思ってるの。わたしはこのまま続けて歩いていく。これまでの人生のすべてのことにはすべて意味がありました。悔いはありませんね」

と語る。

佐藤初女さんをインターネットで引くと、宗教家ではなく社会福祉活動家、教育者とである。素直に自分がしたいと思ったこと、人のためになることを一心にすることこそ、自分の身体を通して現れる神の意志だと信じて、初女さんは格別にキリスト教を標榜することもなく、頭や口先でなく行動することで人生を歩んできた。

敬虔なキリスト教信者の大事な務めの一つは、日曜には教会に出かけてミサに参加し、祈ることである。しかし〈イスキア〉を訪ねて来る人たちにとっては、それは与り知らぬ

ことである。思いたってその日、初女さんを訪ねて来るのである。そういう時に初女さんは、迷うことなく教会には出掛けずに客人と向き合う。

「祈りは教会のミサの中にだけあるのではないんです。いま、ここで自分が必要とされていること、それをする自分の行いの中にこそ、神への祈りがあるんですよ」

初女さんが〈弘前イスキア〉を開く発端になったのは、熱心に通っていた弘前教会で皆に深く慕われていたヴァレー神父が急逝し、代わりに相談や悩みを聴いてほしいと、多くの人びとが初女さんのところに訪ねて来るようになっていたことがきっかけであった。

そのころの初女さんの仕事は「ろうけつ染め」の講師である。大学や地元NHKの講座などでも教え、自宅ではろうけつ染めの工房を主宰していた。ことあるごとにそこに人が集まってくる。狭くなった平屋をどうにか広くし、もっと多くの人に開放したいと考えに考えるが、初女さんにはまとまった資金もない。その時、啓示がもたらされる。わたしには金はないが、心ならある。汲めどもつきることのない、泉のような心ならある。初女さんは新たな人生が始まったような心持ちになったという。

当時教会ではキリスト教の聖地、イタリアのアッシジに巡礼しようと皆がそれぞれ積み立てをしていたが、初女さんは巡礼の代わりにその貯金をもとに平屋を二階屋にすることを思いつく。救いを求めて、いまここへ自分を訪ねて来る人がいるならば、自分にとってはその人びとと向き合うことこそ巡礼にも匹敵するものではないか、神の意志に近づくことではないか。聖地だけが聖地なのではない。そうして初女さんに呼応した多くの人の浄財も集まり、一九八三年十月に弘前市内の自宅を二階屋にして〈弘前イスキア〉は誕生した。何が何でもと肩に力を入れ、必死で懸命にやったというのとは違う。

「無理に何かをしようとしたことはないんです。ただ心の向くままにまっすぐに働き願ったら、なにごともそのように道がひらけていきました」

水が高みから下に落ちるように、空気が流れるようにあるがままに。初女さんがよくいう「素直」というのは、多分こういうことなのだと思う。正月には、元旦の教会でのミサが終わると、祝いの場のない人びとと過ごすために、急いで自宅に戻り迎える用意をする。当然、初女さんご自身の家族との団らんは後まわしであった。

イスキアというのはイタリア・ナポリの南にある小さな火山島の名である。富も名誉も財産もすべてに恵まれた一人の美しい青年が、愛する女性さえも得てすべてに充たされたとたんに人生が虚しくなり、今は廃墟となった教会を残すだけの侘《わび》しいイスキア島に独り渡って自分自身と向き合い、やがて現実の世界に還ったという物語に由来している。

ガールスカウトの活動

あまり知られてはいないが、初女さんが半生をガールスカウトの活動に捧げたのも、発端は教会であった。その日のことを、亡くなるまで二十数年を初女さんに寄りそった須藤誠子さんははっきりと覚えている。

ある日、ヴァレー神父の発案で教会が本格的にガールスカウト活動の支援に取り組むことになった。代表を誰にするかということを話し合っていた時、ふと皆の視線が、ベールを被って通り過ぎる一人の人に自然に集まった。初女さんであった。その時、その場にいてその瞬間を見ていたという須藤さんは、誰いうともなく、皆の総意が「代表は初女さんしかいない」と自然になっていったというのである。

教会においても初女さんの存在はきわだっていた。代表への就任は、初女さん自身への事前の相談もなく決定され、ヴァレー神父によって初女さんに伝えられた。いかに初女さんといえども憮然としたらしいが、その日からの初女さんのガールスカウトとの関わりは、その後なんと半世紀にも及ぶ。

「ガールスカウトの三つの理念――『自己開発・自然とともに・人の交わり』っていうのはね、わたしはすごくいいと思ったんですね」

受けたからには五十余年、それはいかにも初女さんらしい「誠実」である。

面倒くさい、は嫌いです、丁寧に。

初女さんは「面倒くさい」という言葉が嫌いで、

「口先より行動が大事です」

といつもいう。気の毒だと思うなら、もうその瞬間にその人のために何か行動を起こす。それが神の意志だからである。

「ある一定のところまでは誰でもするでしょう？　そこから、もう一歩踏みだすっていうことが大事なんですね」

そして、心のこもらない「形式」だけの行為を何よりも嫌う。

晩年、初女さんを訪ねて来る人たちの食事を一人で準備するのは到底難しく、多くの場

初女さんが作ってくださったお弁当

合それはスタッフに委ねられた。しかし初女さんは、例えば前日にどんな行事が入って疲れていようとも、明日訪ねて来る人があると判っていれば、その人を想い、かならず料理の下ごしらえなどをしてからでなければ眠らないのである。

わたし自身、何度もそうして迎えていただいた。あるときはインタヴューの後で十和田・奥入瀬に向かうというと、初女さん自ら、弁当を用意して下さった。またあるときにはインタヴューの途中で、「では」と席を立たれるのでどこに行かれるのかと思うと、台所に向かって昼食のための胡瓜《きゅうり》の皮むきをし始めたことがある。だいたいの準備はスタッフの手によって終えられていたのだが、どうしても自分の手を加えた料理にしたい。小振りのしっかりとした厚手の包丁を取り出すと、初女さんは一本の胡瓜の皮の小さな突起までも、薄く一つ一つ丁寧にそいでいる。食材の胡瓜を愛おしみ、なにか会話をしているような真摯な姿であった。包丁は大阪に出かけるたびに寄るという、堺で買い求めた愛用品だという。

「乱暴に皮を剥かれたり切られたりしたら、野菜も痛いでしょう？　野菜もいのちですからね」

御自分がされて嫌なことは野菜にもしないというので、初女さんが野菜の皮むきに絶対にピーラー（皮むき器）を使わないというのは広く知られていたが、わたし自身は忙しく、サーッと一気に剥けばむしろ痛くないのでは、と「隠れピーラー愛用者」であった。しかしこの日、目の前で実際に目にした初女さんのやり方は、わたしの想像をはるかに超えるものであった。食材のいのちと初女さんがどのように向き合っているかが胸に染み入るような皮のむきかたであった。

初女さんは「心を込める」を口先ではなく行動で示す。迎える人のことを想いながら、その土地で採れた旬の新鮮なもので、初女さんによって祈るように丁寧に作られた食事。そしてこの初女さんが、〈イスキア〉を訪れた人と向き合うのである。

想い起こせば、それまでもいくどか初女さんと一緒に台所に立ってはいたのに、嬉しい楽しいと感激するばかりで、本当にはわかっていなかった。

食はいのち

本当にはわかっていなかったことが、もう一つある。料理は作る側のものではなく、徹頭徹尾、受ける方（食べる側）のものだということである。

初女さんは今では作る人として認識されているが、本来はそうではない。初女さんが食の大切さに目覚めたのは、病床にあったときの決定的な経験による。

「ある日、叔母がね、鯛を見舞いに持ってきてくれたんです。潮汁かなんかにして食べたんですけどね、それが美味しくて美味しくて体中から力が湧いてくるみたいでしたね。もっと食べたいって思いましたね。それでわたしは、薬なんかじゃなくて食べもので身体を治す、って思ったんです。その時、薬は全部、捨てましたね」

食材からのいのちの移し替え、いうならば自然のいのちからの移し替えで、肉体のいのちが躍動したという実体験の感動であった。

初女さんは徹底して「食べる人」なのである。「食べる」といういのちの根源を尊ぶからこそ、ただ食べるだけでなく、きちんと供する側にもなりたいと行動した人である。

食事の仕方には、その人のすべてが表れると思う。気持ちよく、美しく美味しくいただく人でなければ、生涯をともにすることは難しい。料理を食べ散らかす人、箸を美しく持たない人、食べ物を平気で捨てる人――。

初女さんの食事する姿には無駄がなく、じつに気持ちがよい。地に足のしっかりとついたいのちの営為。考えてみれば、メディアに映る姿は料理する初女さんの映像ばかりだが、実は食事をする初女さんの姿にこそ、「食はいのち」が映し出されている。
初女さんと何度も食事を分かち合えたことは、わたしの生涯の幸せである。

心がなくては

心理学を体系的に、技術として学んだわけでもない初女さんの主宰する鄙《ひな》の〈イスキア〉に、多くの悩みを抱えた人や病んだ人たちが訪れ癒され解決をみるというので、初女さんのもとには計らずも多くの権威や専門家が訪れている。学究の権威や専門家が躊躇なく訪れたのは、初女さんが母性を彷彿とさせ、「食」の大切さを説くおばあさんの風情だったことも大きいと思う。競合する「学の権威」ではなかったからである。

わたしは一九九七年から二〇〇七年まで、アメリカで生まれたブリーフ・セラピーの考え方にそった、女性のためのカウンセリング・ルームを運営していた。
患者の心を救済するといいながら心理学会そのものが権威的であり、専門家とクライアント（来談者）の向き合う現場は、どうしても上下関係の支配する空気から自由にはなりにくい。それでは治癒には遠いと疑心を感じていたわたしが依拠したのは、「解決志向アプローチ」（ソリューション・フォーカスト・アプローチ、ＳＦＡ）と名づけられた考え方であった。それはフロイトやユングの流れをくむ伝統的な分析心理学とは対極に位置するもので、過去より現在、未来に焦点をあて、短時間に解決をめざしてゆくというものである。いかにも効率を重視するアメリカ的なものにも思えるが、そうではない。権威を否定して力関係をオープンにし、クライアント自らの内なる力に依拠して解決の方向に持ってゆくという意味では、民主的で画期的で人間らしいものであった。心の蘇生には、何よりも自由と安心が不可欠なのである。創始したスティーブ・ディ・シェイザーとインスー・キム・バーグという二人の人格は正直で温かく、およそ権威や教条とは無縁であった。

何も問題が起きていないならばそれでよし、良い効果がでているならばそれを繰り返す、なにか支障が生じているならば即そのやり方はやめて、他の有効なやり方を試してみるというＳＦＡの基本的な考え方、対処法は、その後のわたしの考え方、人生の歩み方にも大きな指針となってことあるごとに助けとなった。しかし初女さんの「聴く」は、言葉さえ必要としないような、ひたすら「聴く」であった。

初女さんのもとには、鬱、引きこもり、摂食障碍、自殺企図などで苦しんだはてに、自らあまたの情報を集めて専門書を読み、心理学を学んで訪ねてくるような人もいる。あるいは夫婦、親子の不和、周囲の人間関係を誰にも相談できなかった人びとがやってくる。しかしどんな場合にも、初女さんの姿勢はただひたすらシンプルに、目の前の人を否定せずじっとその話に耳をかたむけることだけである。スキル（技術）やポーズとしてではなく、心を無にしてひたすら聴くということは訓練ではできない。相手の中の善を信じる、そのような人格にしかできないことである。

初女さんはこれまで多くの権威と対談し、それは映像にもなり著作としても残っているが、そのほとんどを初女さんはあまり評価していなかった。

わたしたちはおしゃべりのついでに一人一人を、「あの先生はどう？　あの人はどう？」と名を挙げていったが、ほとんどの意見が一致するので嬉しくてわたしは笑い出し、初女さんはニヤリとした。初女さんのある権威への評価はたった一言、「だって、心がないもの」と厳しかった。

訪れる人を迎えるために、肉親との団らんさえ後回しにし自宅を開放する初女さんに対して、その人は「正月は人が訪ねて来るとわずらわしいので、鍵をかけて居留守を使う」と語ったのだという。心の権威といわれる人が、「心」を研究の対象にはしても、人として寄り添うのではなかったことが、初女さんには想像もつかないことだったのである。

「受容」などという技術的な専門用語ではない。初女さんはいつもただ「受ける」という。わたしはバレー・ボールのレシーブをイメージしてしまう。打てば響く、という呼吸の感覚。「心」がなければ、「受容」というのは単なる技術的なポーズであり、学問用語である。

「チャンスだよ」

二〇一四年の秋十一月。わたしは津軽にゆかりのあるギタリストの原荘介さんからぜひ弘前でコンサートを開きたいと頼まれ、その企画のために郷里の弘前を訪れていた。小雪のちらつく美しい夜であった。初女さんはコンサートを楽しみにして、わざわざ四人のスタッフの方々と早々に会場を訪れ、開演をまっていてくださった。

「わざわざ」。これこそが初女さんの本質であり、誠実な心の表出である。長時間の着席と寒さを心配して、わたしは寄りかかれるように会場前方の太い柱の横に初女さんの席を用意したが、音楽を愉しんでいた初女さんが、途中ですうっと気持ち良さそうに眠りに落ちるのを見て嬉しくも有難かった。

本書の出版は、そのコンサートの折に決まったのである。

そのとき既に佐藤初女の名を冠した著作は二十数冊。どれも名だたる出版社による優れた作りで、映画の上映や講演会との相乗作用もありよく読まれていた。この上、上書きすることなど何もないと、わたしは自らペンを執る必要をまったく感じていなかった。いやむしろ、わたしを作り上げているひねくれ津軽のＤＮＡは、美しく柔らかく清らかに完成されている佐藤初女像を汚してしまうのではないかと躊躇した。初女さんは聖母マリアのように、皆の胸の中で美しいままにあればいい。しかしそのとき、執筆を後押しして励ましてくれたのは、他でもない初女さんご自身であった。

「朴さん、書きたいことないの？　チャンスだよ、チャンスは二度ないよ」

初女さんを身近でよく知る人にはなじみの、正直で開けっぴろげな勁さ。きれいごとばかりでなく、良いことも悪いことも、すべて書いてよいというのである。それはご子息の芳信氏が、『おむすびの祈り』という初女さんの初の自伝が自宅に届けられた折、荷をほどくのももどかしげに、ほとんど立ったまま通読して真っ先にいってくれたという言葉、「この本は良い。母さんの良いことも悪いことも書いてある」に通じている。

透明な、変わり者

「似ていますか」

「うん、似てる。似てるでしょ？　性格が」

「光栄です、でもどこでそういう風に思われるんですか？」

「やっぱり生活ですね。朴さん、ぐずぐずしてないで、すぱっと決めたりね。判断力が大きいでしょ？」

よく眠りよく食べるという他にはほとんど共通点が見あたらないにもかかわらず、初女さんはよく「二人は似ている」といって下さった。誤解である。しかし、どんなところが？と尋ねると、変わっているところ、それから「透明」なところという。とてもそうは思えない。それに清らかという言葉は好きだが、透明という言葉には違和感がある。「透明？どういうことですか」とさらに重ねると煙に巻かれる。

あえて探すなら、どんなことを哀しみ、どんなことを好み、嬉しく思うか。そして思い込んだらもう身体が動き、最後までしなくては気が済まないところは似ているかもしれない。意に添わぬことを我慢して続けると、すぐに身体が苦しくなるのである。変わり者なのは、何歳になっても、善なるものに対する「憧れ」を心の中に持ち続けて生きているからかもしれない。しかしスケールが違いすぎる。

決定的な差は、わたしは儒教精神にがんじがらめの、厳しい在日朝鮮人家庭の、八人きょうだいの愚かしい末子であるが、初女さんは八人きょうだいの期待された長女の位置で、早くから成熟して育った人ということである。よってわたしは、口先だけの無責任な甘ったれのまま育ったが、初女さんは責任をもってものごとを行う、誠実な女性となった。

「私は上に姉たちがたくさんいる妹なので、決定できない。決められたことをするしかない。だからいつも胸の内ではもし自分が長女だったらって思っていましたよ」

「そうなの？　でも、そうでないよ」

「そうではない？　長女には長女の苦しみが？」

「うん。わたしもきょうだいの〝受け〟はよくないしね」

初女さんとわたしは二人とも、海辺の青森市に生まれた。そして後に内陸の津軽・弘前に移り、海の代わりに霊峰・岩木山を朝な夕なに眺めて暮らすようになった。

弘前市街から見る岩木山

「似ているのは、海に対する思いかも知れませんね。海をみて育つ人と山を見て育つ人は全然違うだろうと、私は海のない奈良県に嫁いだときに、本当に心からそう思いましたね。海を前にすれば、人は自然に、その向こうには何があるだろうと思いますからね」

「そう、そうそう、そこなのさ」

それぞれの人のかかえる背景は、まったく違う。「人は人によって磨かれる」は、初女さんの今は亡き夫、佐藤又一氏のモットーであり、人のふり見てわがふり直せ、は、初女さんのご母堂トキさんとわが母の口癖であった。学生時代の初女さんが影響を受けたという昭憲皇后（明治天皇妃）の「友から受ける影響は大きい、友は選ぶによし」という教えの言葉は、この稿を起こすにあたって初女さんがわたしに託した紙片にあった。

初女さんは、何より「人が好き」であった。私もまた。しかし初女さんは直接に人と関わることを天職として大きく展開し、〈イスキア〉を聞いた。せっかく「似ている」のに、わたしに出来なかったのは、刷り込まれた長子と末子ほどに違う行動様式のせいかもしれない。

〈森のイスキア〉のテーブルは大きくて丸い。それは大勢が一堂に会し顔を見合わせて食事をするのに最適で、また人数が増えても対応ができるからである。わたしが小さかった頃、青森のわが家のオンドル房の居間にあったのも、〈イスキア〉とほぼ同じサイズの、丸くて大きなテーブルであった。初女さんは最初からその丸テーブルの主であったが、家族の中の小さな人として、わたしはいわれた席につき、給仕されるのが習い性になっていた。

神の計らいの中に生きる

初女さんはいつも内面が動いている。じっとしているように見えるときでも、絶えず頭は動き、ぼうっとしているときはない。初女さんが「一番好きなことは何ですか」という問いに、間髪入れずに「就寝」と答えるのは、ジョークではなく実生活の本音である。いつも働き通しでとても疲れているという。

初女さんをゆっくり、おっとりと捉えるのは誤解である。むしろ、とろい、動きが遅い、思い立ってもすぐに行動に移さないことを、何よりも厭う。一つ一つの動作はゆったりとしていても、内面はたえず動き、行動している。わたしは〈森のイスキア〉の居室を小走りしていた初女さんの姿を、今もほほえましく想い出す。

眠りというのは目覚めのある死だとわたしは考えているが、起きて（生きて）いる限りは動く、眠るときは何も考えずに安心して寝落ちるというのは、初女さんのように神を信じて身を任せることのできる者だけの特権なのだと思う。

「神の計らいは限りなく、わたしはその中に生きる。それが現在のわたしの心境」

と初女さんはいいきった。

第一章　海に抱かれて

（前頁写真）油川から望む沖館への海

海辺の町

青森県は、県庁所在地の青森市を境に、ほぼ中央に位置する八甲田連峰をはさんで、旧南部藩と旧津軽藩に分かれている。気候も気質も言語も微妙に異なり、今も県をあげての一体感はあまりないと思う。

いまから九十四年前、一九二一年当時の青森市の人口は約五万。本州最北端と北海道を結ぶ海の結節地点として人が集まって栄え、文字通り経済と文化の中心地として活況を呈していた。青函連絡船の出入港と隣接していた旧国鉄の青森駅西口から西北へ浜伝いに二キロほど進むと、今も由緒ある昔日を彷彿とさせる、しっとりとした町並みの沖館《おきだて》・油川《あぶらかわ》地区に入る。

当時、江戸の日本橋を起点とする五街道（奥州道・東海道・中山道・甲府道・日光道）の一つであった奥州街道と、松前街道とが交差するこの地域は、初女さんが「貯木場があった」と記憶するとおり、材木や海産物の集積地であり、新道が出来るまでは行き交う人や馬の蹄の音が止むことなく賑わっていた。いまも営林所が置かれている。

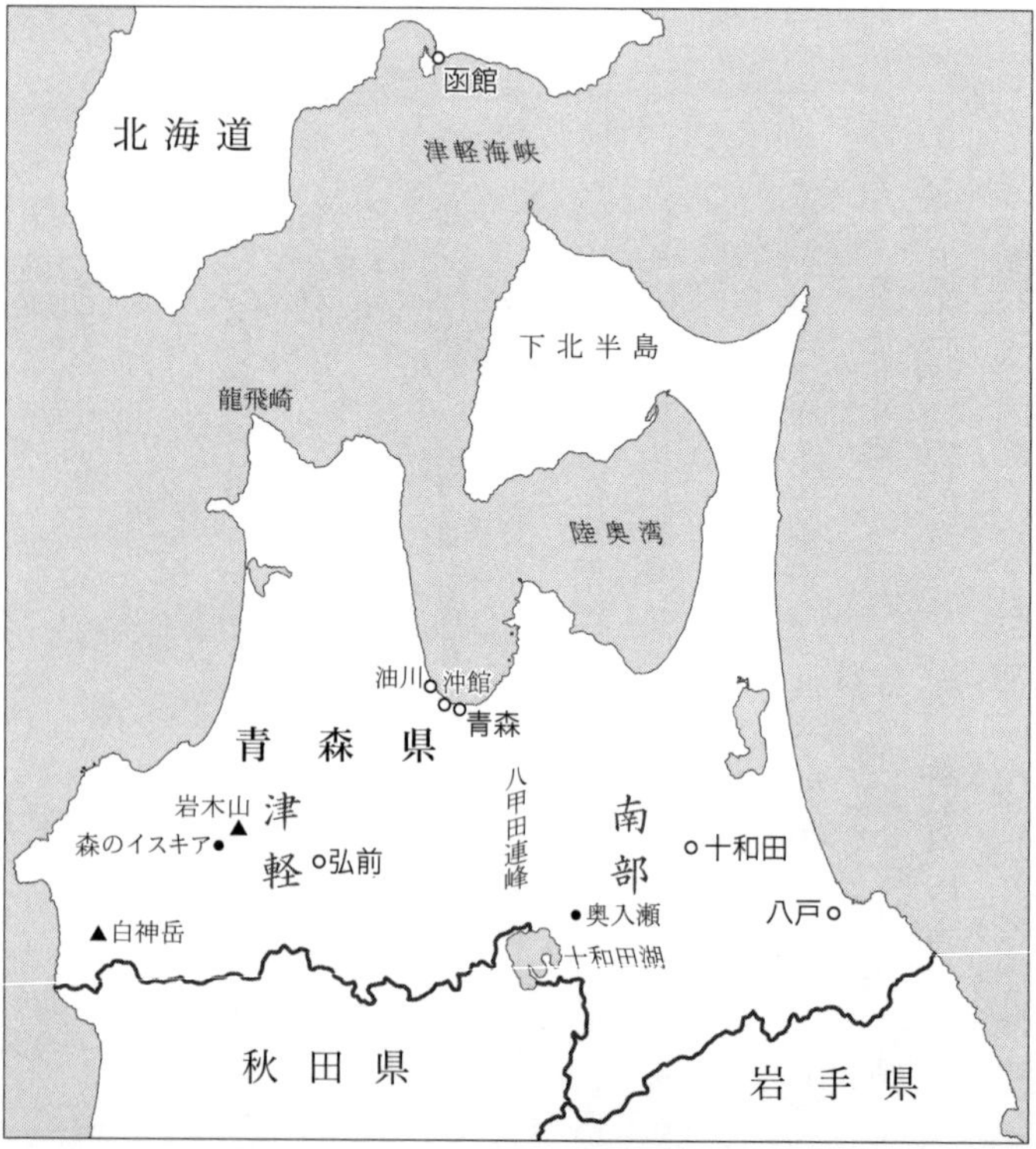

函館
北海道
津軽海峡
下北半島
龍飛崎
陸奥湾
油川
沖館
青森
青森県
岩木山
津
軽
森のイスキア
弘前
八甲田連峰
南
部
十和田
奥入瀬
八戸
白神岳
十和田湖
秋田県
岩手県

青森県地図

演歌で有名になった龍飛崎までずっと松林が続いていたという。精米所だけでも十カ所以上あり、簡易裁判所までがあって農林水産の要を担っていた。

初女さんの旧姓は神《じん》。沖館で物資の運送に携わる父、神貞範と母・トキの長女として、一九二一年の十月三日に生まれた。その後の初女さんの人生を想えば、この神初女《じんはつめ》という名は、できすぎた物語の符牒のようでもある。


〈森のイスキア〉の活動から、当然のようにほとんどの人が初女さんを森の人、大地の人とイメージするが、真実の初女さんは海の人である。いよいよ本格的な取材が始まると、初女さんは最初から繰り返し海のことを語った。初女さんの原風景は海だという。浜のそばで生まれ育ったとはいえ、いま九十の齢を迎え、海の何にそれほどまでに惹きつけられているのか。

初女さんが幼少を過ごした頃の沖館は、朝早く起き玄関を出て外に出ると人家もなく、家の前からさえぎるものなく遠浅の浜が続いていたという。

「海はまず透明でしょう。それに海にはいろいろな川も流れこむしね。それに魚。小さな魚の一匹一匹がぴちぴち飛び跳ねていて、それを覆って家に持って帰ると皆

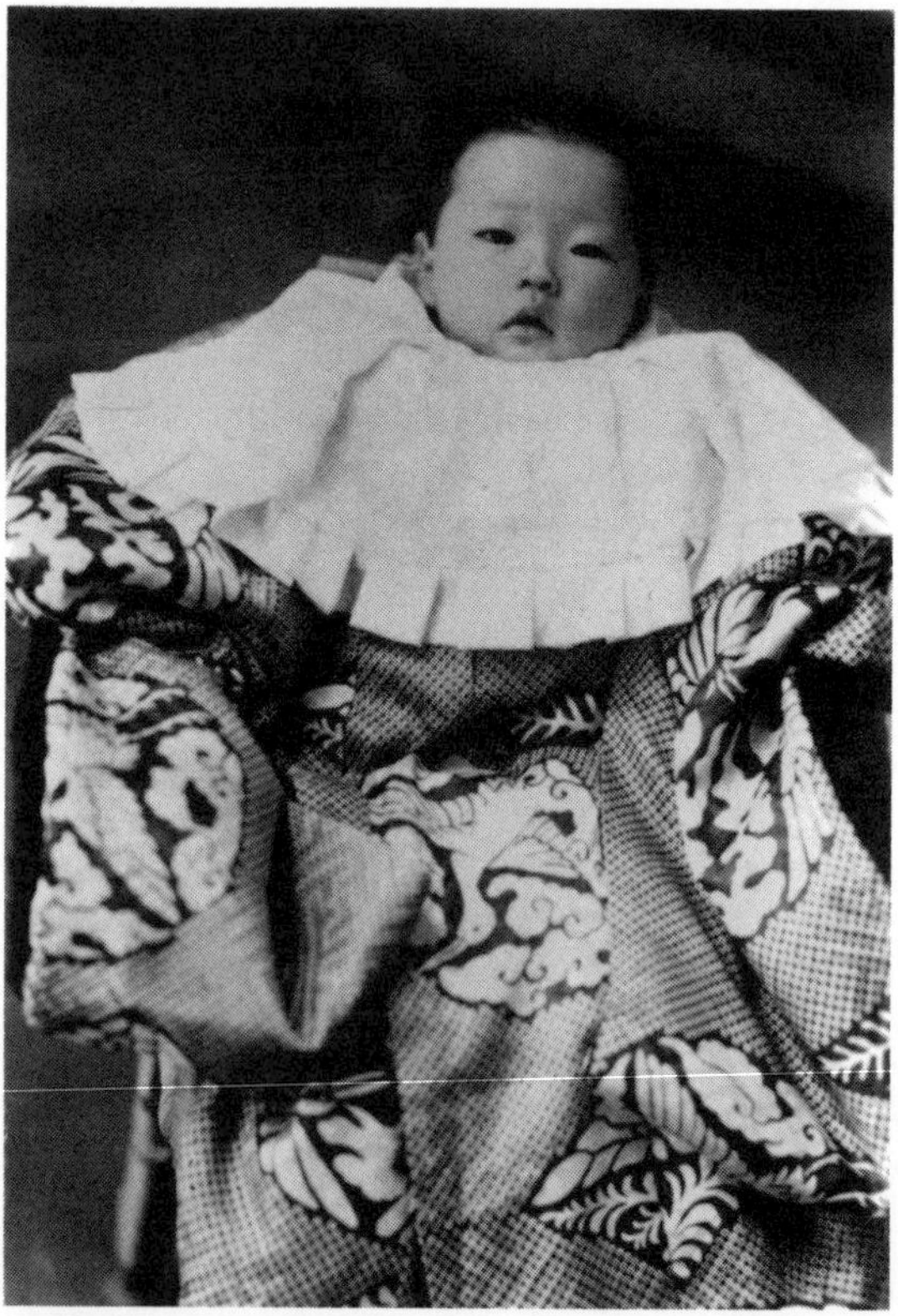

お宮参りの頃の初女さん

が喜ぶんですね」

人の喜ぶ顔があり、人の悦びのために何かをする歓び。そのうえそれは家族のための食材にもなった。毎日のように浜で遊びながら、「海は広いな、大きいな、行ってみたいなよその国」という歌そのままのように、初女さんは海原の向こうに広がる世界を想像して胸を躍らせたという。

いま油川の漁業はほとんどがホタテの養殖になってしまい、どこまでも続く遠浅だった浜には護岸工事が施されている。しかし往時は鰯が処分に困るほど獲れて、鰯を干す板が浜にずらりと並ぶと、子どもは遊び場にも困るほどだったという。おそらく、幼い初女さんが毎朝のように苦労もなく獲ったぴちぴちと跳ねていた魚は、この鰯だったと思う。

油川の取材でお会いした石田哲郎さん（九十三歳）は、代々、麹《こうじ》を扱ってきた家に生まれ、初女さんとは一歳違いでいまも矍鑠《かくしゃく》としている。当時の油川に南部や下北半島からの船が行き交い、鮑《あわび》やにしん、鱈《たら》が運ばれて取引きされ、「おか」と呼ばれる海のない内陸部からもぞくぞくと人が集まったという。

「望海楼」という茶屋や、ファーブルというイタリア人がパン屋を営んでいた赤煉瓦の建物にも案内していただいた。海に注ぐ川には竹を積んだ小舟が行き交い、子守りやままたき（飯炊き）を抱える家も珍しくなかったという。

景気がよかったころの油川を、石田さんはおぼろげに記憶している。記憶がおぼろなのは、戦争が始まって北千島に召集され、人間が殺し殺されるという救いのない異常な狂気の経験をしたあと、さらに四年間シベリアに抑留されソ連の恐怖政治を体験して故郷の油川に戻ってみれば、かつて物資を運んで力強く町を走っていた鉄道のレールは供出のためにすべてはがされて跡形もなく、町そのものがすでにうたかたのように、二度と活況を取り戻すことがなかったからである。石田さんは絶対にしてはいけないものは戦争だ、と何度も繰り返した。

夢見がちで好奇心が強いだけでなく、何事においてもスケールの大きいいまの初女さんの原型は、この海とともにあった幼少の日々にある。幼い初女さんにとって目の前に広がる海は、遊び場であり生活の場であり、文字通りいのちの躍動を実感する豊饒なすべてだったのだろう。

魚はいまも初女さんの好物であるだけでなく、「食の佐藤初女」を生み出すキッカケに

石田哲郎さん

もなった。病の床で薬漬けの日々を送っていた初女さんに、ある日、叔母がもってきてくれた、近隣でとれた新鮮な鯛。そのとき塩焼きや潮汁にして皆で食べた鯛の美味しさは、それまで薬漬けだった初女さんの身体に染み渡り、初女さんは全身の細胞が生き生きと躍動しだすのを感じた。

「美味しい、もっと食べたい!」

生命体としての自然な歓びから初女さんは、食こそがいのちそのものという確信をもつようになる。食事もろくに摂れない身体に、口に苦い薬などエネルギーになるわけがない。食こそ身体を養ういのちなのだ。そのときから病気は食事で治すと決意した初女さんは、それまで飲んでいた薬を捨ててしまう。食に向き合う初女さんの出発は、一尾の鯛からであった。

長女の意地——海に落ちて

幼い頃の記憶は海から始まり、九十歳を越えていままた強烈に意識は海に向かっている。子どもの頃の、忘れられない最初の出来事も海であった。

「海が好きですね。私は青森で育ったんですよ。五、六歳のときに住んでいた油川の、その長く長く続いていた砂浜が素敵であったということが、わたしの中の大きな想い出になっていますけど、その油川が海に注ぐところで海に落ちたんです。誰もいないし、泳げないでしょ。必死に岸に着こうとして手足をばたばたさせて水をかき分けるんですけど、一向に岸に行けないんです。それなのに、もうダメだ、という考えはなかったんですね。最後に摑《つか》んでも甲斐のない藁《わら》みたいなものが流れてきて、それを必死に摑んだのは覚えているんですけど」

誰もいない海。三つ、四つ年下の妹が黙って心配そうに覗き込んでいるが、その他にはシンとして誰もいない。

「どうして川に落ちたのか……。あれは泣いたりするようなものではないんでしょうねぇ。無我だね。ただ独りだったの」

この川では、やはり多くの子どもが命を落としている。前述の石田さんに話すと、河口に建てられた地蔵さまに案内して下さった。

神秘的な海に惹かれ、神秘的な海に落ち、神秘的な海と対峙して無我の境地に至った経験。それが、九十年を経て、いま最も心を占めている初女さんの想いなのだ。そのときそ

河口付近の祠に入ったお地蔵さま

の海で、初女さんは独り、神に出会っていたのかもしれない。

ようやく命拾いをしたというのに初女さんがまず考えたのは、着ているものをすっかり乾燥させるということだった。とにかく落ちたことを決して母に知られてはならない。

「家に帰ってから叱られるでしょ？　それくらい叱られるのが、まずいやでね。わたしは今でもガンガンいわれると、叱られているようで嫌だよって、いうの」

良くないことをしているのだが、謝りたくない。しかし叱られるのは嫌で、だから叱られる前に、先に泣き出すような子どもだったという。小さな頃、隣りの豆腐屋に使いに行かされ買って戻り、家の敷居を入ったところで、豆腐を容れものごと下に落としてしまったことがある。そのときも叱られる前に泣き出し、周囲にあきれられたという。いまの初女さんの佇《たたず》まいからは想像もできないようなエピソードである。

「子育てに関する文章を頼まれて『叱らないでください』と書くのはね、叱られることがまずいやだったから。そして叱ることもいやだから」

ハッキリとした意思と、行動力。

「いま思えば、叱られたくないというのは『おねえちゃんだから』と言われ続けて育った長女の意地、プライドみたいなものですか」

「そうだー」

しかし幼い頃に既に萌芽していた、自分のことは自分で納得して決定していきたいというあり方は、後の〈森のイスキア〉の活動においても重要な思想的支柱となり、キイ・ワードにもなった。

沖館《おきだて》の朝鮮人

沖館・油川には、わたしの記憶には全くないが、わが伯父たちをはじめ何軒かの朝鮮人家族も暮らしていた。そのことを初女さんはよく記憶している。

「わたしの少女時代なんかは、韓国（朝鮮）を見る大人の人たちはあまりいい感じでなく見ていましたから、いまわたしには、そうでない人もいるんだよ、と伝えていきたい気持ちがあるの。

沖館には朝鮮の人たちも多くいましたが、わたしにはつきあうようなキッカケもないし、交流もない。お宮の近所に韓国の人たちが住んでいたところがあって、その人たちが町にでてくるでしょ、するとじっと見ている人たちがいるの。わたしもね。

そうすると、そういうときには母親に叱られてね。大人の人たちはよくいわないような視線は感じていましたね。

息子は高校に入ってから、たまたま後でカナダに移住したあなたの従兄さんと親しくなりましたので嬉しくてほっとしましたが、やはりいろいろいう人はいました。だからわたしは息子に、母さんがいつでも受けるから、泊めてもいいし、ご飯も一緒に食べるんだから、心配しないでいつでも遊びにくるようにといって、その後も一年に一遍くらいは来てくれておりました。そのお子さんたちもね」

かつての初女さんができなかった交流を成長した息子さんがし、それがまたつぎの交流として始まっていることが嬉しいという。それはいま、たしかにわたしにも届いている。

弘前へ

毎日のように海を眺め、その向こうにはどんな国があるか、どんな人たちがいるかと想像しながら成長した初女さんにとって、結婚後に移り住んだ津軽の内陸部、弘前市での海のない風景、潮の匂いのない日常は、予想を遥かに超えて辛いものだった。

「わたしは青森市で育ったでしょ、海、海でね。海が好きですね。（戦争の）最後の疎開のときに、主人の友人であった弘南バスの社長さんに誘われてそのまま（弘前に）納まったんですけどもね、わたしは海が大好きで、海が憧れだから、結婚して夫について移った弘前には海がないのが苦しくて、苦しくて。がっかりして右向いて、左向いて、後ろ向いて、海を探して、涙、涙の毎日でした。無理に慣れましたね。自然にではなくて」

意外なことばである。青森―弘前間は四十キロ余り。いかに現在とは交通事情がちがっていたとはいえ同じ県内で、車では一時間ほどである。海を擁する慣れた土地から引きはがされて閉塞したという苦渋の想いは、七十年を経た今も初女さんの中に生々しい記憶としてある。東北人といえば優しい、素朴という印象に「むしろ意地悪だ」と異議を唱える初女さんにも、やはりそれをいわせるなにがしかの経験があったのだろう。

一方のわたしは東京を経て、ゆかりのまったくない関西に嫁し、それこそ海のない奈良で、右を向いて左を向いて、後ろを向いて苦しみ、泣いた。その反動で盲目的な郷土愛に溺れがちのわたしは、津軽の何もかもを贔屓《ひいき》のひきたおしで美化してきたが、地元に残っている多くの友人たちの冷静な眼は、津軽人の屈折した僻《ひが》み根性を指摘して懐疑的である。

言葉も南部弁がどれほどか柔らかいという。柔らかな言葉づかいの初女さんでさえ、南部の言葉の方が優しいという。

わたしは十和田の温泉地で耳慣れぬ言葉を聞き、どこの人かと尋ねてそれが南部弁と初めてわかって驚いたことがある。同じ青森県といえど、南部をよくは知らないのだ。もともと津軽藩は南部に反逆してそこから分かれた藩である。いまも津軽の人はほとんど太平洋側の八戸《はちのへ》には行かず、八戸の人も津軽ではなかなか暮らさない。

船の旅

初女さんは父親の零落によって故郷・青森を離れ北海道の函館に転居しているが、函館は新天地を求めて海を渡った人びとが多い街であり、外国人の文化も横溢する開明的な海辺の都市であった。

海を見渡す坂の街には教会の鐘の音が重層的に響き渡り、長いあいだ憧れていたキリスト教に近くなったことも、初女さんにとっては心の開ける感じがあった。それに比べて、夫について心ならずも生涯を暮らすことになった津軽平野の弘前は、当初、初女さんの歓

15 歳の頃、級友と。後列左が初女さん

びとはならなかった。

「もう、海が良くて海が良くて……大きな船に乗ってどこかへ行きたいといっても行けるわけでもないし。もうこれで終わりだと思っているときに、七十歳を過ぎてから宮城県の『青年の船』からお呼びがかかって、女性の講師として呼んでもらったんです。希望が叶って楽しい経験でした。海は広々として深い。果てしがないっていう想いが自分にも欲しかったんですね。

宮城県から出た船が津軽海峡を廻ってウラジオストックの方へいったん、それで関門海峡を廻って宮城に帰ってくるという、それが今でも記憶に残っていますけれどもね。その時の団長だった人が、仙台の隣町の吉野町の町長になりました」

この時も、七十歳を過ぎての船旅を周囲はみな心配し反対したが、その時の想い出こそがいま初女さんを支えているのではと思うほど、印象的な船旅となった。

「わたしは海を常に想い出しますね。海をそんなに想っている人いないでしょ？あの、真っ暗なね、全部を黒塗りしたような黒なの。あのとき、皆はどうしているんだろうと思って甲板に上がってみたら、誰もいなくて音もないし風もない。ただ船が一艘漂っている感じで、何もないの。

もしここで船がひっくりかえったりしたら、もうこれで終わりなんだと、それはそれでいいんだ、と。その中に立って、あー、こういうことなんだと味わって、船室に帰りましたね。なかなかそういう体験はできないと思うね。親に叱られるものね。たしか、ロシアから韓国にかけての海だったと思います。その時の想いがとっても深いんですけどね、表現ができないんです」

果てしのない世界に対する、断ち切ることのできない憧憬。誰も、海に対する初女さんのこれほどまでに深い想いを、想像することも共有することもできない。

小さな船から大きな船へ。後日、初女さんは海にまつわる想いを話しながら、人生の軌跡をそのように感じて表現したのではないかと思った。負けず嫌いや野心というのでない。まっすぐな向上心。夢を叶え、大海に乗り出すためには大きな船がいい。

初女さんの生きた時代の大方の人間が、素直に心に宿して疑わなかった、働いて働いて良くなるという信念が、「ずっと小さな船だったのに、とうとうやっと大きな船に乗るところまできた」という嬉しさに集約されて胸に迫ったのではないかと想像している。初女さんは何事によらずチマチマとした枠を越える、スケールの大きさを愛する。

淡々と目の前のことを誠実にこなしながら、大きく世界を開いていくという営為、決して諦めないという初女さんのまっすぐな姿勢にこそ、ゆきづまって〈イスキア〉を訪れた人たちは救われてきたのではないか。それは表面上は、ただ自分のもとにやって来る人びとの話に心から耳を傾け、身体を養う食を心を込めて作り、ともに食事をするということだけに映るが、そうではない。

初女さんのもとに届いた、Y・Nさんという人からの手紙には「(初女さんは)どんな深い哀しみを抱えていても、人は前を向いて歩いていけるというわたしの光であり希望でもあります。その光を受けている自分も、いつの日か木漏れ日の一つになりたい」と綴られていた。

初女さんを訪ねる人にも、迎える初女さんの側にも、それまでを形作った何百何千の時間がある。降り積もった、目には見えない気の遠くなるような数々の体験の集積がある。いのちという魂で出会わずに何の出会いか。「心の専門家」という人たちが、「自分たちのところには来ないのに、初女さんのところには行列をなす」と嘆いたというのは、そういうことなのだろう。

海への想い

山に囲まれて育ち、峠と峰を越えれば地続きの世界にたどり着けるのではないかと考える人生と、向こうは何があるか分からない未知の海、そこに乗り出すには、板一枚の下で生死の分かれる大海に船で漕ぎ出すしかない、という勇気から始まる世界観の違いは大きい。どちらがよい、悪いというのではなく。

初女さんはいう。

「それがいま、わたしが人にとって大事なのは土だと言えているのは、海の前に土があるでしょう、本当の土台。海だって底は土ですからね。いま外から見るといろいろなことが希薄になっているでしょう？　でも、わたしはたとえ〈イスキア〉がだめになったときでも、やはり他のことをしないで、土台には土があるから、それを土台にして何かをしたいと思っています。〈森のイスキア〉ができるときにもね、土地をいただいたでしょ、電話一本で三百六十坪のね、そういうこともあってね」

母という字を書くのは難しく、いつも四苦八苦するという。両の乳房にしっかりと子を抱える女の姿。なぜか海という文字の中にも母という字がある。〈森のイスキア〉で、子を迎える母のように多くの人を無条件に受け止め、いのちを養う食を供してきた人が、海で生まれ海を愛し、いままた海をなつかしんでいるのはいかにも象徴的である。

最近完成した『地球交響曲』の第八番では、「森は海の恋人」ということが主題になっている。「Long for」(「お慕い申し上げています」)という絶妙の英語訳は、美智子皇后によると聞いた。

第二章　出会いは未来をひらく

（前頁写真）2013 年、「祈りの祭典」でダライ・ラマ 14 世と

「ユーラシア出会いのコンサート in 薬師寺」

初女さんは二〇〇七年にわたしが奈良・西ノ京にある世界遺産、薬師寺で開催したこわいもの知らずのコンサートのことを、ずっと高く評価していてくれた。

「感じない？　誰が賛成しようと反対しようと、あのコンサートなんかすごいと思うよ、後世に残りますよ。やっぱりあれは感動でしたね」

「残りますか」

「うん、残る、残る。でなきゃだめでしょ」

「ユーラシア出会いのコンサート　in 薬師寺」と名づけられた、一千人規模の大音楽舞踊イベントのことである。

「出会いは未来をひらく」というのは、その頃の初女さんの気に入りの言葉で、文字通り、人と人との心の出会いこそが閉塞を打破し、世の中をよく開いていくという意味をこめて、いつも頼まれると本のサインや揮毫にしていたことばであった。あの時、素人のわたしが気の遠くなるようなコンサートを思いつき開催しようとした発端も、まさにそれであった。

わたしが暮らす奈良は、曇りのない目で見渡すと、あちらを向いてもこちらを向いても、大陸というよりは朝鮮半島とのゆかりを感じさせるものがごろごろとある。むしろ鑑真和上とのゆかりを示し、中国との関係を明らかにしている唐招提寺などは例外で、後はいわずもがなの百済《くだら》、新羅《しらぎ》というような朝鮮半島の流れなのだと確信できる。初女さんは、かねがね日本とこの隣国との関係に言及したいと願っていた。

二〇一〇年、平城遷都千三百年の式典で平城宮跡を訪れた現天皇は、二〇〇一年の自らの誕生日での発言に続き、はっきりと天皇家は朝鮮半島渡来人の後継であるとゆかりを述べ、古来よりの両地域の切るに切れない関係を宣言したが、地元・関西の報道を除いては多くのメディアと体制が、日本史を根本から揺るがすような真実に触れた天皇発言を軽んじるか無視したように思える。

奈良は寧楽とも表記され、寧は朝鮮語の挨拶である「アンニョン＝安寧」の寧である。いたる所に朝鮮半島の香りがいまも感じられ、ここに暮らすわたしには違和感のないなつかしさがある。絶対的に風土が似ているのである。空の色、山の形、空気。

実行委員、藤原義明さんによるパンフレット

奈良の伝統行事には春日大社のおん祭りや東大寺の修二会《しゅにえ》など、深夜の闇の中で執り行なわれるものが多く、これもわたし自身が朝鮮の家で真夜中の十二時から始まる祖先祭祀に、子どもの頃に眠い目をこすりながら参加した記憶と重なる。今でこそ七時や八時などという早めた時刻に行なう家も多いが、わが父は絶対にそれをたがえなかった。

日本の雅楽に継承されている「右舞」は朝鮮半島（高麗）伝来が明らかで、専門家にとっては当然の事実である。神社の祭祀、狛犬《こまいぬ》（高麗犬）、関西に残る百済町や百済観音などの名称など、日常にも朝鮮との深い関係は自明のことである。

世界に国多しといえど、言語、文物がこれほど似通っている関係はほかにはない。しかし否定するのである。学識や教養のない人びとならばまだしも、権威ある学究の世界でさえ真実がなかなか主流にならない。あまつさえ、貶《おとし》め、嘲笑し、差別して、明治以降の趨勢は古代よりの朝鮮半島との関係を隠蔽・矮小化して無視してきた。そうして朝鮮半島劣等を国民の間に深く浸透させてきた。

年代は異なれど、その重苦しい空気の中で初女さんもわたしも暮らしてきた。だから一九九八年から金大中韓国大統領の決断によって進められた、韓国での日本文化開放と日本への韓国文化の輸出、それによって起きたその後の日本での韓流ブームは夢のようであった。両民族はこれほどまでに求めあっていたかと思うほど、お互いにとって幸せな蜜月であった。それに一気に水を差したのが、朝鮮民主主義人民共和国による日本人拉致問題であった。

それは「北朝鮮」によるものであったが、韓流ブームそのものを苦々しく思っていた人びとの中の朝鮮憎悪を勢いづかせ、ようやく雪解けに向かっていた両民族融和の熱を一気に冷やしてしまった。そのことが、わたしにはどれほど口惜しく哀しかったか知れない。

朝鮮、韓国に関するものはことごとく攻撃・冷笑されて排斥され、書店には憎悪を煽る悪書が平積みに溢れた。拉致事件は解決しなければならないが、何をどうやっても北は叩かれ事態は打開されないどころか、北朝鮮に関することは歪曲・攻撃された。日本国内で関係改善や融和をいうことは〝非国民〟と烙印され、植民地時代の清算を訴えるのは賠償金を巡る狙いとバッシングされた。

朝鮮学校で伝統音楽や舞踊を継承した卒業生を主にして結成され、在日コリアンに愛されてきた金剛山歌劇団の公演は、日朝両国の文化交流を通じて日本の市民との草の根の交流にも一役買っていたが、それを快く思わない勢力も根強かった。

金剛山歌劇団の毎年のツアー公演は全国の在日の人びとに心待ちにされ、友好関係を願う日本人の中にファンを増していたが、既に決まっていた公演予定は、この頃、「右翼勢力」のたび重なる執拗な妨害によって自治体が後援をしぶり、公共施設が会場貸しを取り消すという形でつぎつぎに潰されていった。偏狭な人びとによる妨害で、公共施設でのジェンダーに関する講演会が取り消されるような空気も加速し始めていた。

「韓流」も暴力的な差別・排除の状況も、ともに時の政権によってクルクルと変わり、猫の目のように敢《あ》えなく儚《はかな》いものだと実感した。しかし朝鮮民族蔑視だけは、洗っても洗っても粘りついて落ちない澱のように、日本の社会の底にある。それを私はどうにかしたい。

清めの雨、恵みの雨

「外国人」ながら青森生まれ青森育ちのわたしにも、津軽人DNAは色濃い。本来なら文化交流などというまっすぐな「ハレ」の企画は、含羞の津軽人には最も遠いものかもしれない。民族運動や組織だった活動、その上、集団行動が私は何より苦手なのである。しかし、身体の奥深くに眠っていた卑劣なものに対する怒りと、けちくさい権力政治など以前に、大陸を駆け回っていたはずの遠い先祖からわたしの身体に染み込んでいる言葉や音楽のリズムが、わたしを行動へと動かした。理不尽なこと、不公平なことが大嫌いなのである。

ほんもののスポーツ選手や芸術家には、言葉を越え、国籍や民族などを越えて結び合う魂がある。こんなときだからこそ保身や目先の利益に汲々とする精神に、暴力や姑息な駆け引きではない、純粋な表現の歓びで対抗していきたい、思う存分に表現し出会う時空を実現したい。

こうして行政や大資本に頼らぬたった一人から始まった決心は、十一人の仲間を得て、二〇〇七年九月二十四日「ユーラシア出会いのコンサート in 薬師寺」として、奈良・西ノ京にある世界遺産・薬師寺を舞台にして実現した。多くのコリアン、そして日本人の友人たちが力を貸してくれた。全くのずぶの素人の挑戦をよくも多くの人が支援してくれたと、一人一人の存在の有難さと出来ごとを、いま夢のように想い返すばかりである。司会は狂言の茂山千三郎さんと歌手の金明姫さんが引き受けて下さった。

南北コリアの代表として在日の金剛山歌劇団と、韓国からはソウル国楽管弦楽団、京都の金一志韓国伝統芸術院、日本の雅楽やモンゴルの「フーメイ」などを見せてくれた出口煌玲さん率いる音楽舎まほら、李広宏さんの中国の歌、地元・奈良の合唱団「コール萠」の皆さん、『奈良人《ならんと》』を出版する鐵東敦史さん、なにより普段はデザイナーや医師、料亭の女将、会社員、美術家、記者などの仕事に就いている十一人の実行委員が、非力なわたしを支えてくれた。兄姉たちも駆けつけ、裏方の仕事をしてくれた。

趣旨に賛同して、薬師寺ゆかりの故平山郁夫画伯、我が身のように心配して応援してくださった鹿児島・薩摩焼の十四代目・沈壽官さん、文部科学副大臣だった池坊保子さんがメッセージを寄せてくださった。なにより安田暎胤管主のもと、村上太胤先生、大谷徹奘先生、三井正昭さんをはじめとする事務方の人びとも、みな親身になって助けてくださった。東塔と西塔を両側におく真正面の金堂、薬師如来前での公演を赦してくださった薬師寺の英断と仏心には感謝の言葉もない。

これに誰よりも共鳴し、理屈より心、言葉より行動と、遠く弘前から駆けつけてくれたのが、八十七歳の佐藤初女さんであった。

その日の初女さんを、誰もが忘れられない想いで、はっきりと記憶していることと思う。当日は、前後の晴天が夢のようなざんざんぶりの大雨となった。雨にたたられて泣くに泣けないでいた屋外での涙のコンサートの場を、奇跡のように一瞬のうちに変えてしまったのが、名前だけの応援ではなく遠く弘前から実際に足を運び、近畿のガールスカウト連盟の人たちと会場に来てくださった佐藤初女さんであった。実際、初女さんの登壇は賀元澄子さん、蒲池冨美子さんたちを始めとするガールスカウトOGの方たちの献身的な協力なしには実現ができなかった。

「すごい雨だったねぇ。まるで海みたいで歩けなかったものね」

と、初女さんはあのコンサートをことあるごとに話題にし、わたし以上になつかしんで下さるが、いまだにあの夜の、金堂薬師如来の前での初女さんのスピーチは、あの場にいた人たちの間で語り草となっている。

夜になって冷え込み、止むどころか激しさを増す雨の中でカッパを着てじっと座り込む観客は、愉しむどころではなかったと思う。と、演目と演目の間に舞台となっていた金堂の薬師如来の前に静かに歩みでた初女さんは、雨に打たれてじっと耳を傾ける聴衆にむかって、その日の雨を「清めの雨、恵みの雨」という言葉で発声し、心に染みる挨拶をしてくださった。

「ご参加の皆様、こんばんは。

今回、由緒深い薬師寺の金堂の前で『ユーラシア出会いのコンサート』が開催されましたことを、お喜び申し上げます。

人と人との出会い、人とものとの出会い、この出会いなくして今のわたしはありえませんといえる程、すべて出会いから出発します。

出会いなくして前に進めないと思うのです。わたしも皆様とお会いすることを楽しみに、本州の北端・青森県から出掛けてきました。今日のこの雨は、清めの雨、恵みの雨です。

今晩のこの出会いが、やがて地球に輝く星になりますことを信じ、願ってやみません」

雨に打たれているのに、誰も帰らない。会場にいた友人の幾人もが、その瞬間に降り続く雨が、天から降りてくる金色の糸のように見え、カッパを来た観客の姿が京都・化野《あだしの》の石仏のように見えたというのである。会場の空気が一瞬にして別のものに変わったのが、わたしにも解った。

雨が降りしきる中、金堂に響き渡った「アメイジング・グレイス」や、コンサートの最後に出演者と観客が声を合わせて歌った「赤とんぼ」と「故郷《ふるさと》」の合唱は、わたしにとっても震えるような感動であった。最後まで、誰も席を立たなかった。

わたしは「故郷」の歌がこれほど感動的だとはしらなかった。実のところ、それまであまり好きではなかったこの歌は、わたしの中の日本への複雑な拒絶の象徴だったのかもしれない。が、以来、「故郷」は最も好きな歌の一つになった。

口先だけの約束ではない、論ではない初女さんの実際の行動、誠実で正直な在り方。この日のコンサートが多くの人の記憶に生涯忘れられない記憶として残ったとすれば、出演してくれた演者、スタッフの働きはもちろんのことであるが、初女さんの存在は限りなく大きい。

いつだったか、とてもささやかなことで、初女さんがやり遂げたあと、

「あー、さっぱりした。約束して実行しないくらい辛いことはないわね」

というのを聞いてはっとしたことがある。誰かのために誠実に事を果たすこと、約束を守って実行すること、これこそが初女さんの原点であり、本質であると心が改まるようであった。

あの日、仏教の千三百年の由来を誇る大いなる薬師如来像の前で、人と人との融和を祈るクリスチャンの初女さんの姿。思えばそれは、感慨深い図であった。

「大雨の中で、なにも関係のない自分にまで親切にして下さった管長さんなんかもね」

と、初女さんはいまもわたし以上に、家族がするように、当時の安田管主を始めとする薬師寺のお坊様、関係者の方々に対する感謝を忘れない。

「朴さん、あれは本当に良いことをしましたね。結果を見てほしいと思うね。朴さんの結果というのは実り豊かだったのではないかと思いますよ。お子さんやお孫さんにも残せるものですね」

「そうなってほしいですね」

「なりますよ。自分なりの一生懸命、それを現にやっているでしょう」

このコンサートを通じて、もう一人、忘れられない人がいる。読売新聞の元記者だった斎藤喬さんである。「朴さんはザイニチですか?」と聞かれたので「はい」と答えると自分もだという。「え?」と驚くと「いやー、先祖が千三百年前に日本に来ましてね」という。思えば、そのユーモアあふれる大らかな発言こそが、この大きなコンサートの真髄であった。

親から子へ、子から孫へ。初女さんは長く続く関係が希望だという。例えば初女さんを

「ユーラシア出会いのコンサート in 薬師寺」の終了後、打ち上げの会でも、スピーチして下さった初女さん

慕う旅館の女将さんのご子息が、また代を継いで初女さんを慕い料理を学ぶためにイスキアを訪れている。それが何より嬉しいという。

余談であるが、この夜の初女さんの宿舎は深々とした奈良公園の知事公舎に隣接するセミナーハウスであった。コンサートを終えて宿舎に帰った初女さん一行は九時の門限にわずかばかりに遅れたことで、立ったまま延々と女性職員に叱られたという。

つきそったガールスカウトのメンバーは「先生は耳がよく聴こえなくて幸いだった」と不幸中の幸いをいっていたが、その時の女性職員の激しい声の内容の仔細は、すべて初女さんの耳に届いていた。八年後の夏に初女さんが「あの時、すごく怒られたの」といったからである。

九十歳近い遠方からの客人を、延々と立たせて叱りつける。どんな夜中の電話をも、急な客人をも心から受け入れて対応しないではいられない初女さんとは対極の、心ない観光都市、奈良のもう一つの姿である。

土こそが美

わたしは津軽を離れ、奈良に暮らしてすでに三十年が過ぎた。わたしの芯は雪国で育まれたものであるが、いま周りに東北人は一人を知るのみである。家族も周りも、みな関西弁の抑揚とリズムで話す。

津軽人の口を重く、ぶっきらぼうにさせる激しい吹雪も災害も、穏やかな奈良ではこの三十年間、経験したこともない。奈良の冬は晩秋のまま推移して、いつの間にか春を迎えているというのがわたしの実感である。にもかかわらず、解き放たれて自然とともにあった子ども時代の想い出が強烈すぎたためか、いまもわたしの津軽愛、郷土愛は人に嗤われるほどである。しかしそれは、想えば、ただたんに冷静な目で現実を眺め、醒めるのが怖かった臆病の成せる技だったかもしれない。素直になれば、今やわたしを構成している半分以上は、その暮らした年月の長さに比例して、知らぬ間に、関西・奈良であろう。風土や土地の力とは、そういうものである。それが当然である。

ある日、伊丹から青森空港に降り立って弘前に向かうリムジンに乗り込むと、いつもはくっきりと素朴ながらに美しい故郷の風景を映しだし、右手に岩木山が見えてくるはずの車窓には風と雨の筋が流れるばかり。土色の何もない侘《わび》しい平野が薄ぼんやりと続くほかには、何も見えない。

ここを故郷ではなく旅人として眺めれば、いや、いっそ故郷として眺めるからか、しみじみとこんな何もないような土地から、きら星のごとくに文学者や芸術家の輩出されるのが不思議でならなかった。弘前に着くなりそれを初女さんに訴えた。

「土でしょうね、美のもとは。土から生まれなければ何ごともできないもの。ある時ね、雨上がりのときだったんだけれども、そろそろ晴天に移っていくというときに、土に手をやってみたら温かいの。湯気のようなものが出てるの。そのとき、あぁ、だからここからみんな美が出ていくんだと思って。何が美であるかといえば、土こそ美であると思いましたね」

想えばそこが故郷

いま、青森・弘前に、わたしが親しく行き来する親戚は誰もいなくなった。にもかかわ

らずわたしの故郷は津軽・弘前であって、行けば会いたい人たちがいる。そのわたしの感覚を不思議に思った人がいて、ことあらためて「誰もいないのに、いつまでも故郷なんですか」といわれ、ふと「そうか……」と、自分ひとりが津軽に勝手な片思いをしているような寂しさに襲われたことがある。わずか一代か二代の間に、自分のすべてだった幼い頃の世界は蜃気楼《しんきろう》のように消えてしまい、父母が異国の青森で築いていた生活そのものが幻だったような気がしてきたことがある。わたしたちは日本人でもない。先祖の根もないデラシネ。日本に生まれ育ったわたしでさえそうなのである。ましてや成人してのちに朝鮮から移り住んできた一世の父や母にとって、青森はどのような土地であったろう。

しかし幸いなことに、なぜかわたしは「津軽どころか日本という国そのものがわたしにとっての幻想の故郷なのかもしれない」などとは思わないで済んでいる。初女さんを紹介した龍村監督の映画『地球交響曲』は、地球はみなの共有の故郷だという想いから始まっている。わたしにもその感覚がある。好きな場所を故郷にし、愛すれば良いのである。生まれた土地の空の色、風の匂い、土の感触、音楽のように全身を振るわせる言葉のすべてを、その土地から採れる自然の恵みを。

身体中の細胞で吸い取って成長した土地が「故郷」でないならば、いったいどこを故郷と呼べるだろう。それに、多くの夫たちが知らないだけで、民族問題などをもちだすまでもなく、嫁いで他郷に根を下ろしてきた女たちの歴史は、みなこれと同じようなものである。

誰がなんといおうと、わたしにとって幼い日々を過ごした津軽は、あの空の青、茜《あかね》の朱、吹雪の白、小川の緑、黒い土、林檎の香り、雪の手触りまで、いまでもわたしの記憶と五感にしっかりと刻まれ、ねぶたのお囃子《はやし》や津軽三味線、人びとのくぐもった話し方の抑揚までがわたしの中に生きている。それが故郷でなくてなんであろう。もちろん、津軽つながりの初女さんもわたしにとってはかけがえのない、たしかなひとつの故郷だ。

啓示を信じて

ある日、過労で倒れそうなほど体調を崩していた初女さんが、断りきれない用で弘前から青森に向かう列車の中、浪岡《なみおか》の辺りで磯の匂いを嗅ぎ車窓に白い雲を見て、そこに流れてきた聖句「友のためにいのちを捨てることほど、尊いものはない」をはっきりと読んだというエピソードがある。

浪岡というのは地名にこそ「浪」がついているが、海どころか全くの山の中で、青森空港の住所のあるところである。天理教の中山みきや大本教の出口なおにも同じような逸話があるが、信じる人は信じ、信じない人には全く信じられない話だろう。

初女さんの場合はその日、病を押し、ようやくの思いで青森での用事を終えて弘前の自宅に戻ると、大阪にいるある神父から、まさしくこの聖句を引用しながら初女さんを紹介した冊子が届いていたのだという。わたしは、この手の話を信じることにまったく違和感がない。抵抗感がない。わたしにもよく起き、初女さんにとっては茶飯事である。

この聖句に対する初女さんによる解釈は、友のためにいのちを捨てるというのは、肉体のいのちを投げ出して死ぬということではなく、具合が悪くて倒れそうな時でも、まずは友のことに心をかけるということだという。死んでしまってはしょうがない。生きて、心を無にして人のために尽くす。

「やっぱり行動なんですよ、行動。そこから入っていかないとね。みんな入口から入って、後からゆっくりゆっくりやっているけれど、そうではいけないと思う。行動は難しい。小さいと思われるけれども、大きくなっていきますからね」

人が何かを感じる。なにか良きことをしたいとも思う。そこまでなら誰もが思う、できる。しかしその先のもう一歩を踏み出すか踏み出さないかは、大きく違うと初女さんはいう。思うだけで何もせずに通り過ぎるなら、それは何も思わなかった人や、悪意を抱いた人間とも変わらない。「心」という目には見えないものこそ、行動という自分の時間や働きという目に見えるものにして他者に伝えていかなければならない。気にかかったのなら、もうつぎの瞬間には、その人のためのなにがしかの行動をする。

初女さんが「面倒くさがる」を何よりも厭うのは、そこに心も神も宿る余地がないからである。信仰とは本来、偶像崇拝や原理原則を振りかざし追求するものではなく、生活を良くし安らかに生きていくためのものではないか。初女さんの言葉を聞きながらわたし自身は行動したいのに逡巡し、善行を行なうのに躊躇してしまう臆病な人間であったと、改めて思い知った。

ある日、宗教談義をしていて「ものはなくとも心が豊かな人は幸せだ」ならまだしも、「心の貧しきものは幸いである」という有名なキリスト教の聖句の意味がわからない、原典の言葉はどうなっているのか、日本語への翻訳の言葉に問題があるのではないかと何度も食い下がるわたしに、初女さんは、

「わからない。みんな、納得していないもんね」

と笑いながら白状した。

わたしは宗教家である初女さんの、こういうフラットな現実的な感覚が大好きである。原理原則を振りかざす空論ではなく、例えば腹が充ちるというリアルな幸福感を目指すあり方こそ、真の宗教の姿ではないか。自分のみならず他者のためにも。それこそが、「奉仕のない人生は虚しい」という、初女さんの現実の生き方になっているのである。

韓国からの客

「ご飯は食べましたか?」は、人に対するときの朝鮮の母（オモニ）たちの第一声である。家に来た客人に食事も出さずに帰すというのは、最も非礼な冷たい仕打ちとされる。とりあえずは食事を供してともに場を分かち合い、身体と心を温めて胸襟を開く。そういう意味では食事の時間までいる客を非常識といい、食事時《どき》の訪問を遠慮して控えがちな日本の考え方とは、対極の文化である。

アジアの隣国でありながら、キリスト教が上流の一部の階層に留まり、なかなか一般に広まらなかった日本と違って、国民の四分の一がキリスト教徒と言われるほど韓国に浸透したのには、韓国の経てきた過酷すぎる歴史と、良くも悪くもこの「食文化」ににじみ出る互助の温かさが関係しているかもしれない。朝鮮半島では家族のことを、シック（食口）というのである。

海外からの客が、日本といえばまずは大都会を巡る中で、初女さんのいる弘前の〈イスキア〉を目指して、佐藤初女に会うためだけに青森飛行場に降り立った韓国人たちがいる。崔仁淑《チェインスク》さんと孫善英《ソンソンヨン》さんである。そのとき初女さんは神奈川での講演会に出掛けていた。

韓国と米国でそれぞれにソーシャル・ワークを展開するお二人は、初女さんの帰郷を待つ間、津軽の中心地・弘前で津軽富士と呼ばれる岩木山山麓に広がる湯段温泉に建つ〈森のイスキア〉を訪れていた。

三月末の湯段はまだ雪が深く、主のいない〈イスキア〉の建物も、三メートルを超す積雪で窓が少しのぞくばかりである。岩木山から流れる清冽な雪解けの水と、惜しげもなく涌き出す掛け流しの温泉が轟々と勢いよく暗渠を流れてゆく。

遥かに白神山地を見渡す一面のりんご畑、アカシアの梢に風の吹きわたる清らかな〈イスキア〉の環境は、彼女たちの想像を遥かに超えて強い印象を残し、心をとらえた。

「森のイスキア」を訪れた韓国からの客人、右が孫善英さん、真ん中が崔仁淑さん

そこに届いたのが、初女さんは東京で倒れ弘前には戻れない、面会は無理だという突然の知らせであった。みな驚愕した。

『地球交響曲』という映画に取り上げられ、出版や講演で全国的に広く知られるようになってから、初女さんを自由に訪ねて会うのはきわめて難しくなり、必ず約束をとりつけなくてはならない。韓国から青森への直行便も週に何度かしかないのだ。次にはいつ面会が叶うかわからない。第一、倒れたというのはどういうことだろう。何故？

初女さんは九十歳を超えてからも、基本は一人旅であった。心配が駆け巡ったが、混乱し意気消沈して誰も言葉がでない。すぐに初女さんのご子息、故・芳信さんのお嫁さんで〈イスキア〉のスタッフでもある寿代《すみよ》さんが東京へと飛び、初女さんをお連れして〈イスキア〉に戻ったのは、もう彼女たちが青森を発つという前日のことであった。彼女たちもそれぞれ韓国へ、米国へと帰らなければならない。

今回の訪問は、それぞれ韓国でのカウンセリング・センターの運営と米国での移民のためのソーシャル・サポートを仕事にしている彼女たちが、初女さんが長年にわたって行ってきた社会的な仕事を充分に理解した上で参考にし、米国と韓国でのさらなる展開を視野に入れて学ぶためにやってきた旅だったのである。

とうとうお二人が弘前を離れる朝がやってきた。わたしは出発の準備を終えた彼女たちがリムジンに乗り込む前にせめてもと思い、初女さんが帰宅した〈弘前イスキア〉に彼女たちをいとまの挨拶に案内した。当然のように、面会は無理だという。しかしスタッフとわたしたちの話し声が奥に届いたのか、思いがけなくも初女さんがお会いくださるという。突然の面会が叶うことになった。しかも平素は絶対に他人を入れないという、プライベートな居室でである。

おそるおそる初女さんの寝室に足を踏み入れると、初女さんは『ピエタ』を思わせるキリストのような静かな姿で、横になっておられた。韓国からの客人たちはわたしの後について病臥する初女さんに初めての挨拶を上げたが、わたしがあれこれと杞憂するまでもなく、初女さんと崔さん、孫さんがあっという間に心を通わせたのがわかった。初女さんと彼女たちは全員がキリスト者であった。一瞬のうちに同じ神の子として時空を超えて魂で出会い、言葉の代わりに涙し、わたしの近づくことのできない世界で固く手を取り合い祈っていた。結びつき理解しあう魂の前に、言葉は必要がなかった。

夏、その中のお一人、崔仁淑さんは友人と再び弘前を訪れ、津軽と八甲田・奥入瀬の輝き、身体の中に染み入るような深い緑にまみれて、土地に名付けられた「青い森」という意味を実感したという。その自然の息吹きと深く共鳴し合う初女さんを深く胸に刻んで、彼女は再び故国に帰っていった。韓国イスキア、米国イスキアの実現を胸に秘めて。

〈イスキア〉の弟子たち

初女さんの「出会いは未来をひらく」という言葉への想いは、このように日常の場でも魂と魂が呼応し、次の行動へと開かれてゆくことをいうのだろう。

いま日本の各地に初女さんの活動に触発された〈海のイスキア〉(沖縄)、〈小さな森〉(東京)、〈雪のイスキア〉(札幌)、〈町のイスキア〉(兵庫)など、〈イスキア〉に関連した活動拠点は十ヶ所以上にもなり、それぞれに独自の展開をしている。しかしわたしはそれを初女さんご自身の口から聞いたことがない。初女さんは吹聴・宣伝をあまりしない。初女さんは秘かに、それは嬉しい広がりではあっても自分の〈イスキア〉ではなく、それぞれに個性を持って道は開き、展開してゆくと考えているのではないか。

たとえば、沖縄の〈海のイスキア〉。霊場・斎場御嶽《せーふぁうたき》の麓の高台にある〈海のイスキア〉の眼下には、初女さんの愛するはろばろとした海が広がり、沖縄の人たちが敬してやまない聖地・久高島が見える。

初女さんは津軽と沖縄に似たものを感じるという。「ぬちぐすい」（いのちの薬）という言霊が染み渡っている沖縄の人びとへの共感。〈海のイスキア〉が行う内観療法を初女さんは必ずしも推奨はしていないが、主宰する平山さんの人間性に深く信頼をおき、毎年のように〈海のイスキア〉を訪れている。

初女さんはそれぞれの〈イスキア〉こそ、幸いであると思っているのだろう。

第三章　いのちの声を聴く

（前頁写真）2005年、〈森のイスキア〉の裏に小さな森が完成した時の祝別会

「〈イスキア〉をやめる」

「食はいのち」を身をもって体現し、〈イスキア〉を展開して多くの人の力になってきた初女さんは、九十四歳を目前にしてある決断をしていた。

前年の秋十一月にお会いし長寿について話題が及んだおり、自分は人生を年齢で区切ったことはない、活動するのに何歳だから、六十だから七十だからというような発想はなかったといいきりながら、ふと「九十まで」と漏らされた矛盾した言葉が、わたしは気になっていた。

意外にも、

「わたしは長くやりすぎた。九十歳で止めておくべきだった、その後は余計だった」

というのである。

それまで初女さんは青森から東京や関西におよぶ講演旅行などの旅も一人で出かけ、一度だけ航空会社の介助サービスを頼んだところ、一人で出来ることまで全部規制された、とその不自由さを後悔していたほど自立心が強い。

初女さんへの取材は雪解けをまって翌二〇一五年の春から本格的に始まったが、実は毎回顔を会わせるたびに、〈イスキア〉を続けることの苦しさを口にしていた。

初女さんの憂鬱の原因は、高齢による身体の不自由に比例して自分の思うような世界、活動を展開することができないという苦しさと葛藤からであった。しかし遠くに暮らすわたしに、できることはあるだろうか。

そうして、ねぶた祭りのお囃子の音がかすかに聞こえはじめた夏、八月。連続して取材の日を取っていただいた二日目の朝の冒頭、前日はぐっすり眠れたというスッキリとした顔で、

「朴さん、わたし決めたから。もうわたし、〈イスキア〉やめる」

と、はっきりおっしゃった。

「え？　〈イスキア〉を、ですか」驚いて尋ねるわたしに、

「うん、そうする。続けてるから苦しいんだもの。やめれば体調も良くなると思う」

と、迷いを断ちきった、小学生のような清々《すがすが》しいものいいでいい切った。

しかしそうはいっても上手くいくだろうか、とわたしは内心思った。

結婚と同じで、ものごとは始めるのも大変だが、やめるときにはより労力がいる。日々

の暮らしも、もはや周囲の助けなしでは難しくなっている老齢の初女さんにとって、それは至難に思えた。その上、わたしの懸念はもう一つ。初女さんは日本人である。良くも悪くもイエス、ノーをはっきりさせず、和をもって何となく事態が推移するのをよしとする文化の中の日本人である。これまで一つの空気、生命体のように推移してきた〈イスキア〉の人間関係もある。はたしてすっきりと完然にことを運ぶことはできるだろうか。

このころの初女さんは二年ほど前から乳癌を患い、既にそれはリンパにも転移していた。治療法を巡って、信頼する埼玉の帯津良一医師の診察も受けていた。一時も休むことなく人生を走り続けてきた初女さんにとって、思うようにならない身体の衰えはさぞ辛かったに違いない。しかしその時点でも、皆が危惧する手術には前向きで、早く治ってまた働きたいと語っていた。若いときに誰もが怖がった肺気胸の手術を率先して受け、命をかけた出産にも果敢に挑んだという自信が初女さんには残っていた。

しかし同時に、

「最期はね、ゆっくり暮らしてみたい」

ともつぶやく。患うことなく穏やかに、安心して。現状は何をしても思い通りにならない。焦燥感のなかで初女さんは、一旦いまの〈イスキア〉を閉じ、今度は新たなるやり方で、想い通りの出発を試みたいというのである。

五つのパンと二匹の魚

キリスト教の聖書にマタイ十四章の「五つのパンと二匹の魚」の逸話がある。
ある日カルタゴに出向いたキリストのもとに、ひと目会いたいという人びとが五千人も集まってくる。しかしキリストのもとには五つのパンと二匹の魚しかなかったために、弟子たちは人びとを遠ざけ追い払おうとする。それをキリストは咎め、五つのパンと二匹の魚を五千の人びとに分け与えたところ、人びとはみな満足し、充たされたという逸話である。

初女さんの失望は、まさにこれと同じようなことであった。初女さんはキリストが行ったように、たとえささやかな形ではあっても、それを皆で分かち合うような素朴な〈イスキア〉を望んでいた。しかし有名になった〈イスキア〉は、すでに初女さんの意志だけで運営できるようなものではなくなっていた。いま初女さんに会いたい人、あるいは初女さん自身が会いたいと願う人をも断ることが多くなり、それが初女さんにとっては苦しくて仕方がない。

　かつてのように昼であろうと夜中であろうと、苦しさに呻吟する人を時を選ばずに迎え、初女さんの素朴な心づくしのおむすびや漬物を分かち合うような開かれた〈イスキア〉。しかしその自由が今は叶わない。それを初女さんは「くしゃくしゃする生活」と表現し、「それが身体にもきて苦しい」といい、顔をあわせるたびに「早くさっぱりしたい」と訴えていた。

　初女さんのいらだちは加齢や病気からくる体調不良にもあったのだが、初女さんが実現しようと願う姿と〈森のイスキア〉の内実がずれていく哀しみは、キリストに従おうとしてかえって失望させてしまった弟子たちに対するように、システムを形成するスタッフのありかたに向かわざるをえなかった。

　周囲は初女さんを「護り」、どうにか今のままの〈イスキア〉を維持しようと努力する。しかし初女さんが〈イスキア〉で行いたいのは、形式にこだわらない、「五つのパンと二匹の魚」を大勢で分かち合うような根源的な魂の出会いであった。

　九月初めのある日、初女さんは長い間、献身的に〈イスキア〉を支えてきたスタッフたちを集め、最後の晩餐ならぬ寿司膳をとって「〈イスキア〉を閉めます」と宣言したが、やはりそれぞれにはそれぞれの想いがあり、閉じるのには時間がかかった。が、初女さんはやりとおした。自分自身と真剣に深く向き合い、その内なる声に誠実に真摯に生きていく初女さんの姿勢に、わたしは言葉もない。

「いいかげんに妥協すると苦しみがのこる。苦しい時にはとことん苦しみぬいて答えを出す」

というが、この年齢での決心には驚かざるを得なかった。

生きる姿勢とは年齢に関わらないということを、改めて教えられた想いであった。

いのちの声を聴く

初女さんは漬物石をいくつももっていて、漬物を漬けるときには野菜の状態を見て、なんども石の大きさを替えていく。石の重さが気になって、夜眠れずに樽を見回る。野菜の声を聴いて石を取り替え、ちょうど良い頃合いを計っていく。こうして客人を迎えるための料理は、何日も前から準備されその日を迎えているのである。いまはコンビニやファースト・フード店の扱うものもそれなりに美味しいが、「わたしのために何日も前から準備

された食事」に、感激しない人はいないだろう。

もう死にたいと思って佐藤先生を訪ねたある男性は、自分のために初女さんが結び、帰りに初女さんがタオルにくるんで持たせてくれたおむすびに涙して、死ぬのを止めたという。

タレントの大桃美代子さんは料理する初女さんを「一心不乱」と表現していたが、そのとおりである。まさに一心不乱。そうしてまだ温かな湯気ののぼるおむすびを、初女さんは湯上がりの赤ん坊をくるむように、湿気がこもらないようにと、ラップやホイルではなくタオルでくるむ。専門家による大学の講義やカンファレンスも太刀打ちできない「真心」が、人の心に響き、いのちを繋げるのである。

初女さんのおむすびは少し固めで、春から何度も津軽の柔らかな陽光をあてて作られた梅干しや地元・北海で獲れるシャケなどが入り、真面目に真四角に切られた海苔できっちりと包まれている。土地のもの、旬のもの、新鮮なものをというのが初女さんのモットーなので、梅干しは東北の風土を反映してか、口がすぼまるほどしょっぱい。初女さんは塩気のないのは頼りないといって、世の主流となっている減塩を全く信用していない。そうやって生きてきて、血圧も九十歳をすぎてからも何の問題もないという。論より自分の身体の方を信じているのである。

しかし、日本の短命率で青森県は不名誉なことにここ十一年間、日本一位が続いているという。喫煙、塩分の過剰摂取、検診率の低さなどいろいろいわれているが、その中にあって若い頃にあれほどまで病と闘い、減塩などに特別な注意をしていない初女さんが長寿を保っているのには、いくつかの要因がある。

初女さんは津軽人の言葉は荒いという。わたしもそう思う。風のきつさに関係するというが、言葉の荒さは往々にして誤解を生みやすく、精神を荒ぶらせる。

津軽の人たちが、青い森の吐き出す清らかな気を胸一杯に吸い込む代わりにイライラと喫煙などをし、豊かな自然のいのちを愉しむ代わりに数字の上とはいえ平均よりも早々と短く人生を終えているとすれば、それもまた神の意志だ、とする訳にはいかない。克服はできる。よい見本が初女さんである。

初女さんはあらゆることを考えに考える。教えられる「神の意志」に教条的に唯々諾々と従って生きるのではなく、考えに考えた末の自身の感覚からくる働きこそ、いのちを重んじる「神の意志」であると信じる。自発的な信仰、自立的な信仰、神との対話。

十字軍の遠征から現在に至るまで顕著な、神の意志と称して人の命を奪ってやまない、まやかしの宗教や愚かしい洗脳とは無縁の、徹底して生きとし生けるものの命を尊ぶキリスト教徒としての根源的な初女さんの在り方には、いまもって「信仰」というものには無縁のわたしにも強く惹かれるものがある。

健やかな食事

初女さんが料理に使う砂糖の量の多さは驚くほどで、目の前でちらし鮨《ずし》のご飯にどっと入れられたときには声を失ったことがある。わたしは太り過ぎや虫歯を警戒していっさい料理に砂糖を使わない。しかし不思議なことに、出来上がった鮨が甘ったるいということはまったくなかった。三杯酢として合わせるにはこれくらいがちょうど良いというのである。経験に裏打ちされた量と味への初女さんの絶対的な自信である。

初女さんは頼まれて何冊もの料理本を出版しているが、何グラム何グラムと量を提示するのは本当に苦手だという。要はそのときに美味しければよい。

「だから調理をしながら、ああでもないこうでもないと、何十回でも味見をすべきですね」

砂糖を我慢しても、結局好きな人はチョコレートなどのお菓子で甘味を補給してしまう。初女さんの食事を見ていると、要は総量のバランスだということが何より実感できる。

運動をし食事も制限しないとたちまちにして体重が増えるわたしは、米などの炭水化物をなるべく摂りたくない。しかし初女さんは昔から「穀力《ごくぢから》」を提唱し、穀物をしっかり食べてこそ身体も作られ力も出るという主義である。それも少し固めのしっかりとしたご飯。〈イスキア〉での取材中はほとんど座ったままで、朝・昼・晩ときっちりと同じ時間に初女さんと食事をし、普段、自宅の生活ではしているジョギングやウォーキングなどの運動もできないことに戦々恐々としたが、取材を終えて自宅に戻り体重を量ると、毎回全く変動がないことに驚いた。初女さんと一緒にゆっくりと少量をよく噛んで食べること、炭水化物以上に野菜や魚などの副食を多く食べること、夕方の六、七時以降は就寝の始まりなのでほとんど食べ物を口にせず、早めに就寝するという規則正しい食事の習慣が、暴飲暴食を抑えているのである。

しかし初女さんの長寿の最大の要因は、何よりも与えられたいのちを尊び、最期まで生ききるという決意である。自らの身体の声によく耳を傾け、いのちを丁寧に生きる。変にものごとに抗わず、人生のあれこれのできごとを素直に生き味わうことによって、初女さんの九十四年の年月は、特別に健やかな時間となってきた。それにもう一つ。初女さんの好物は、食事の時のビール。酒は百薬の長、いつも相伴させていただいた。

身体を生かす食事

中国と地続きの朝鮮半島は、クッ（汁）、タン（湯）というスープが大切で、一世だったアボジ（父）も、いま二世、三世からなる我が家も、みな食事にはたっぷりとしたスープを欲しがる。その流れからかわたしは「粥」も好きで、身体が弱ったときには粥の優しさに随分と助けられたが、初女さんは病臥した年月が十七年にもおよぶというのに柔らかい粥に頼ったことはなく、

「いつでも、しっかりと嚙めるご飯が食べたかった」

という。肺を患ったとはいえ、元来、骨組みのしっかりした丈夫な人だったのだと思う。

人は精神が病むと、とたんに食べることができなくなる。「食いしん坊」というのは、本来生命力の旺盛な人たちの別名であって、食のあり方に健康がそのまま現われる、健や

かな質といえるのだろう。

ちなみに、初女さんは好き嫌いがないというが実はマンゴーが苦手で、それがデザートに出てきたときにはそっとわたしの方へ押してきた。おそらくドリアンやアサイーなどという南国の果物も苦手ではないかと推察した。

身体を作る食材は、その人の暮らす土地の旬のもの、新鮮なものをと言い続け、採れてのものを冷蔵庫に入れるのさえ生命が死んでしまうと捉えた初女さんにとって、身体を冷やす南の食材は南国の人のためのものである。わたしも初女さんも一番好きな果物は、津軽の霊峰・岩木山の清水をたっぷりと吸収して実を結んだ、瑞々しく歯ごたえのある林檎である。

食は子育てのように

初女さんは固い食べ物が好きで、取材の間もごく自然に堅いせんべいなどをゆっくりと口に運び、しっかりと嚙んでいた。その一連の動作はいかにも質実で、美しいと形容したいほどであった。そうしてかならず、取材をするわたしにも、子どもにするように袋を切って取り分けてくれる。それを面映《おもはゆ》く受け取りながらふと、わたしはかってピッタリと袋が張り付いて取り出しにくそうな菓子の袋を、何気なく切って子に手渡したところを、甘やかしは自立心を阻害し依存心を生むと、心理学を修めた後輩に厳しく見とがめられて批判されたことを想い出していた。

「悩みをもって相談に訪れた時点で、答えはその人の中にありますからね。わたしは何にもアドバイスとかしないで、黙って聞いているの」

解決のための答えは既にその人が持っているというのは、初女さんがたびたびいったことで、「解決志向」のSFA（ソリューション・フォーカスト・アプローチ）とも共通の認識である。理論やセオリーを押し付けるな、治癒力は当人が内包している、ということである。人を大切にする、包み込む、歓びにも不安にも寄り添い、その状況を分かち合うということが、結局は人が立ち直る上で大切だということを、〈イスキア〉が言葉や観念ではなく、佐藤初女さんという目に見える姿で示したことは大きい。学問上の原理原則ではなく、その場、その時の臨機応変。

「子どもは叱らないで」

は初女さんの持論であった。だらしがないは論外だが、たしかに子どもは、厳しくされるよりは、甘くゆったりと育てられる方が幸せには違いない。初女さんでさえ、「叱られるのは嫌だった」と、九十歳を過ぎたいまも生々しくいうのである。叱るより、まずは大人が見本を見せよということ。

初女さんが料理で実践する、自分がされたら嫌だと思うので乱暴には食材の皮を剥かない、例えば漬物が漬かるのをじっと「待つ」、作った煮物料理の味を深めるためにすぐに食べずにしばらく味が入るまでゆっくりと「休ませる」「寝かせる」などというのは、心を痛めた人の対応にも子育てにも、そのままいえることである。食材のいのちを慈しむ、育む。人間にはなおさら、理論やテキストより、人の熱と「心」である。

映画『地球交響曲』

多くの人が佐藤初女さんを知ったのは、一九九五年に公開された龍村仁監督による映画『ガイア・シンフォニー　地球交響曲　第二番』の映像によってであろう。わたし自身、そのハッとするほど瑞々《みずみず》しく清冽だった映像の美しさを、今でもはっきりと想い出すことができる。

子どもの頃からわたしも知っている岩木山の清らかな雪解けの季節。春、きらきらと輝く自然の光を浴びていち早く春を告げるように芽吹いたフキノトウを、傷つけないようにシャベルではなく細い木切れを使って、シャカシャカとやさしく掘り出す初女さん。初夏、一粒一粒の梅にまんべんなく陽を当て、夜、何度も起きて野菜の声を聴きながら漬物石の重さを替えていく初女さん。どれもこれも見ているだけで心が落ち着き、健康になっていきそうな映像であった。

映画『ガイア・シンフォニー』は現在第八番まで制作されているが、その意図は「地球のすべての生命を愛おしみ、健やかに生き続けることを願った」ものである。それを体現したのは、誰もがなつかしく知っているようでいて、しかし実はどこにも存在しない「理想の母」のような、佐藤初女という人であった。皆が絶対的に憧れながら、生身の人としては聖母マリアが存在しないように、母というのは実は理想ではなく、現実の営みの中にそれぞれの姿で生きている。

龍村監督は、人類の病める母・地球を真の意味で癒すことができるのは、特別な人や有名人ではなく、わたしたちひとりひとりの、ごく普通の日常生活の中でのほんのちょっとした気づきや行動の集積だとして、その二年前に『地球交響曲』の第一番を世に問うていた。第二番では最も聖なる営みを描くために、もっとも俗っぽいと思われていた「食べること」を映像にしたいと考えていて、初女さんに出会ったという。ダライ・ラマ、ジャック・マイヨール、フランク・ドレイクというほかの出演者と違って、そのとき全く無名だった初女さんとの出会いは、「神様が選んだとしかいいようがない」出会いだったと語っている。

映画の撮影開始は一九九四年の春三月。長い冬の間、三メートルを超す雪の重みに耐え、「よし、春だ、これからもっと大きくなるぞ」と喜んでいるフキノトウを、いきなり金属のスコップでバッサリやれば、フキノトウの歓びの心は驚いてふっとんでしまい、もうそこにはない。だから、初女さんは、

「驚かせないようにそっと話しかけながら、フキノトウと向きあいました」

と、後日語っている。

フキノトウが安心しきって、宿っている歓びのエネルギーそのままに初女さんの手の中に身を委ねていると感じた時、監督は胸が熱くなるほどの感激を覚えたという。

いのちへの深い愛と英知に充ちた初女さんの日常を受けとめた龍村監督との出会いを、

〈森のイスキア〉でみつけたフキノトウ

初女さんもまた「魂の出会いだった」と語る。映画では、それまでの初女さんの淡々とした日常がそのまま取り上げられ、ささやかであること、さりげないこと、日々の暮らしを丁寧に生きるということが多くの人に感動を与えた。

「わたしは特別なことをしないで普通に生きる人びとと出会ってきました。それがいいな、安らかでいいな、美しいな、と思ったからですね」

女優志願

初女さんは、かつて女優を夢見る少女だった。弘前を訪れた龍村監督の直感で撮影はその場で決断され、すぐにフィルムが回されることになった。素人にとって高揚するような瞬間である。簡単な説明を受けて自然に周囲を歩いてみるようにと指示された初女さんは、女優になったように自分なりに工夫を凝らし、あれこれ目線を動かし歩みを図った。しかしその甲斐あってたった一度で監督のオーケーがでてしまい、「え、もうこれで終わり？もっとやりたい……」と残念に思ったと笑う。

『おむすびの祈り』という自伝に、女学校時代の親友である小谷静江さんが、学生時代の初女さんが小説家の吉屋信子に夢中になり、東京の吉屋邸に函館からスズランの花を贈って、礼状をもらって喜んだというエピソードを綴っている。

宅急便などというものもない七十年前に、北海道から東京に、生の花を送るという発想をどうやって持ち、実行に移せたのだろう。同じ本の中で晴佐久《はれさく》昌英神父もまた、病床に初女さんから宅急便で届いたおむすびの感激を綴っているが、篭《かご》におむすびを入れて送るという初女さんの独創的で大胆な発想は、すでに学生のときに実践されていたのである。

こういう自然な大胆さ、人を想い、思い立てばすぐにそれを行動に移して、自ら歓びを創りだしてゆく力こそが初女さんの真骨頂である。相手の喜ぶ顔を想像する嬉しさが、初女さんのエネルギーなのである。

人は多かれ少なかれ、あるべき姿、ありたい姿を自ら描き、演じることで生きていく。初女さんのすごさは一身を神に捧げ、その力を他者に尽くすことに使おうと決心し、一貫したことである。

いまのところ、わたしは一つの宗教に帰依することができない曖昧な無神論者である。神の姿は見えない。神がいるとすれば、神の存在は何かを通じて感じ取るのだろう。信仰は自ら求めるものではなく、自然に育ち備わるものだという初女さんに、「わたしには初女さんの存在、また書かれたものがバイブルです。それを読むことで、聖書を読むようにすうっと神の存在を感じることがあります。初女さんを通じて神様のことを思うので、わたしにとっての神様は初女さんです」と正直に伝えると、初女さんは否定せず、ふっと微笑んだ。

答えは自らの中に

初女さんは自分や〈イスキア〉に枕詞のようにつけられる「癒す」「癒される」という言葉が嫌だという。

悩みや相談事を持って訪ねて来る人をすべて受け入れながらも、じっと話に耳を傾けるだけで決してアドバイスめいたことを言わないのは、答えは他者に求めるものではなく、本人が考えに考え、苦しみに苦しみ抜いてしか求められないものだと思っているからである。

「迷える人たちが、何かをいって下さい、と答えをもとめるでしょう？　でも、何かをいってくださいではなくて、自分がその中で何かを摑まないと、摑めないいんだよね。それが、今を生きるなんですよ」

問題からの逃避ではなく、向き合うこと。苦しむことを恐れずに、苦しいときにはとことん苦しんでみること。初女さんはその過程にずっと寄り添う。見捨てずに見守る。その安心感があれば人は自らを癒し、癒されて立ち直っていく。苦しみを分かち合い寄り添うのであって、答えを与えるのではない。

解放された、人としての平等感がなければすべて押し付けになってしまう。だからカウンセリングや心理学における権威や力関係を最も退ける。話を聞き、ともに食事をし、静かに寄り添う。これほど力強い無償の味方はない。

初女さんは、母性を尊びながらも、親が産んだ我が子を「愛」という名のエゴで真綿のように締め付ける支配を恐れた。しかし初女さんにもそれがなかった訳ではない。

「わたしのしていることとも関わるし、本当は息子に医者になってくれないかな、ってずっと思ってたんです。でも本人は『いのちに向き合いたくない、血を見たくない』って嫌がりましてね」

進学校に進んでいた息子の芳信さんは、医者の道には進まなかった。初女さんは後年、繰り返しその当時のことを自責の念とともに想い出し、「悪い母ではなかったか?」と、芳信さんに何度も確かめずにはいられなかったという。

芳信さんは、多趣味で自由人だった父、又一氏の血を濃く受け継ぎ、囲碁に愉しみ、福祉関係の仕事の傍ら、尺八は流派を構えて人に教えるまでになった。お嬢さんの名は、師事した郷士の棋士・工藤紀夫からとられたと聞いた。ちなみに芳信さんの名は、いくつか用意された男子の名を順に読み上げていくと、「芳信」と読み上げたところで本人がオギャアと泣いたところから決まったという。

第四章　宿命としての母性

（前頁写真）〈森のイスキア〉の庭のブランコ

- 奉仕のない人生は虚しい。
- 妥協すると苦しみがのこる。
- 何かをいってくださいではなくて、自分がその中で何かを摑まないと、摑めないいんだよね。答えはその人の中にあります。
- わたしにはお金はなくても、汲めどもつきることのない心ならある。
- 食事を作ることはたのしいことですから、わたしは作ってあげたい。
- 女のする仕事は下のことに思われるからね。でもわたしは自信あるからね。
- 今、このときを生きる。自分の考えに忠実に添って生活していく。
- 黙って見守る、温かく見守る、あたりまえのようにそこにいる、ということが大事なんですね。

藤原書店

～佐藤初女　いのちの言葉～

●一緒に食事をするというのは、いのちのわかちあいです。

●何ごとも心がなくては。

●面倒くさい、は嫌いです、丁寧に。

●口先より行動が大事です。

●乱暴に皮を剝かれたり切られたりしたら、野菜も痛いでしょう？
野菜もいのちですからね。

●薬なんかじゃなくて食べもので身体を治す、って思ったんです。

●約束して、実行しないいくらい辛いことはないわね。

●土でしょうね、美のもとは。

十七歳の発病——明の星の一期生へ

初女さんは十七歳からおよそ十七年間を病臥して過ごした。胸を病んだのは、函館で女学校に通うときであった。発病の原因は家の経済が傾いたごたごたによるストレスが原因で、八人きょうだいの長女であった初女さんは、その不安と苦しみを全身で受け止めてしまったせいでは、という。

夢見がちな父は絶えず新たなことに挑み、ある日、人の保証人になったことをきっかけに損失を繰り返して全てを失ってしまう。母の嘆き。住む家さえ手放して移った函館で、とうとう若い初女さんは胸の病を発症してしまう。ならば郷里の青森に帰って治癒に専念した方が良いという祖母のたっての願いで、初女さんは函館の女学校を退学し、生まれ故郷の青森市に戻った。

「寂しかったー、辛いもんだねー」

坂の多い函館の街はエキゾチックな西洋建築や教会が多く、五歳の頃から憧れてやまない教会の鐘の音がいっせいになり響く、初女さんの大好きな街であった。しかしまだ当時、西洋人の神父やシスターたちが出入りする教会は耶蘇《やそ》と呼ばれて一般には抵抗が強く、いかに函館といえどもその時は教会を外から眺めるばかりだった。

ところが、祖母のたっての願いから郷里の青森に戻ってみると、家の近くの工事現場に教会のシスターたちがさかんに出入りしている。聞けば聖母被昇天会という修道会が母体となって、青森技芸学院（後の青森明の星高校）という学校を建設するという。

そこに通えば、キリスト教に近づけるのではないか。病を抱えたまま初女さんは両親の許しを得て、そのまま技芸学院（現在の青森明の星高校・短期大学）を受験し一期生となる。一センチの中にどれくらいの縫い目を作るかという裁縫の試験で、初女さんは四百五十名の中で一番の成績を収める。「手仕事」の大切さを説き、身を立てるために女は手に技をつけておくというのは神《じん》家の第一の教育方針で、母からは絶えず言われていたことであった。

入学してみると授業の時以外は、シスターたちと自由に話すことも禁じられていた。禅宗の神家では初女さんがキリスト教に近づくのに反対し、ことに祖母は「耶蘇《やそ》」を強く警戒した。しかし入学を機にようやく接近できたキリスト教なのである。初女さんは家族の目を盗み、使いに出るような機会を利用して学校に隣接する教会に裏口から出入りし、聖書の勉強を続けた。それは戦争が激しくなって「敵国」のシスターたちが拘束され、本国に召還されるまで続いた。

「息苦しいすごい時代。自由に行動したり、しゃべったりできない時代。警察のね、帳簿に危険思想ということで、生徒の名前が載ってるの。だからどれほど苦労して教会に行ったか。(両親が)きつく頭から叱ったりしないから、隠れて行けたんですけど」

ろうけつ染め

卒業後、小学校の教諭を経てのちに、初女さんは「ろうけつ染め」の専門講師として四十年を過ごすが、数ある手芸、数ある染めの中でなぜろうけつ染めを選んだのかを問うと、答えはいかにも初女さんらしい。

「ほかのどこにもない色を自分で自由に作れるでしょ、自分でね。売っている色を買って使ったことは、一度もありませんね」

草木染めなどのように自然にあるものから色を頂く、などという回答を予想していたがみごとに裏切られた。ろうけつ染めは、当時は高級なものとして知られ、学生の頃から憧れながら病のために習うことができないでいた。諦めずに想いを温め続け、京からやってきた吉崎清氏に教えを請うたのは結婚後のことであった。

自由な発想で色を自在に作り、独創的な絵図を描いていく。その歓びこそが人が生きてゆくということであり、命を燃やす、生きているということではないか。染めは心の表現だった。

「出来上がった作品を競ったり、ひとのものと比べたりは絶対にしないんですよ」

純粋にただ染めることの歓び、その純粋な歓びが作品の命となり、真に美しい作品となる。作り上げたという歓びが、またつぎの創作の力となる。後年の初女さんの料理ともまったく同じことであった。

「食でいのちを育む佐藤初女」、「おむすびの初女さん」として知られるようになった後も、かつてろうけつ染めの染料を洗うために傾斜をつけて、大きく深く作られた佐藤家の台所の流しは、いまも「弘前」イスキアでは料理のための流しとしてそのまま使われている。

死が怖くない

若い女性にとって病とともにある時間が、どれほど長く決定的な意味を持つものであったかは想像に難くない。しかし初女さんには当初から、頭や心で受け止められないことが身体に出てくるという感覚があったのだという。

繰り返される喀血。病名は「肺浸潤」であった。笑っても、咳をしても、重いものを持った勢いでも血管が切れてしまう。下駄のつまずきさえ身体に障るような病。初女さんは電信柱につかまり、数歩歩いては息を整え、また歩くというような状況でも、「我が身試さん」の気概で、学校に通い続けたと書いている。

「わたし、自分から出る血液で感じましたね。これは身体にはいらないんだろうと、必要ないから出てくれてるんだろうと思ったんですね。普通だったら何か容れものをもってきてそれに吐き出すけれども、わたしは川へ（血を）吐いていました。怖いというのはなかったですね」

幼いころから母や周りの大人たちでさえ怖がったのに、人の死を看取ること、死に逝く人とともにいるのが少しも怖くなかったという。母・トキさんは魂を抜かれるといって、人の墓参りさえ怖がったという。代わりというように初女さんは若い頃から死を怖れる人たちに頼まれて、安らかに見送るために幾度も臨終の場にたちあった。頼まれてたった一人霊安室の遺体に寄り添い、夜を過ごしたこともある。

トキさんの逸話は私を安堵させる。わたしには死が遠い、いや、近いのかもしれない。だからか人の死が異常に怖く、遺体も怖ろしい。父と母の遺体でさえ、いやだからこそであったか、恐怖に駆られて平常心では触れることができなかった。わが母も初女さんのように死が怖くない人で、娘であるわたしにあきれていた。

母娘の組み合わせはオモシロイ。怖がりだったにもかかわらず、いまわたしが常の人より人の最後を見送ることが多いのは皮肉である。

小さきテレジア

学校に着いても授業に出られず、そのまま静養室で安静にしていなければならない日の多かった初女さんに、ある日、シスターの一人がそっと渡してくれた一冊の本が『小さき花のテレジア』であった。

そのときの初女さんとほぼ同じような年齢で、病と闘いながら神への愛にすべてを捧げて信仰の道に生きたというリジューのテレジアの生涯は初女さんに深い感動を残し、いつか受洗にいたったときにはその霊名をいただきたいという願いは、後日ついに叶った。

キリスト教に入信してからの初女さんには、二つの名が与えられている。一つは堅信式で与えられた聖母マリアの母の名にちなんだアンナ。もう一つが受洗に際して最初に与えられたテレジアという名である。初女さんは、もしいつの日にか受洗する日があるなら、テレジアという名をわたしにもどうかといって下さった。臨終にはその人の人生が凝縮して表れるというが、死に際して洗礼を受ける人は多い。初女さんの夫・又一氏も、死の一週間前に、妻への万感の想いを込めて受洗している。

この世の生を終えて魂の仲間の許に安らかに還るというのが臨終の間際の想いだとすれば、わたしは一体どこへの帰還を願うだろうかと想う。いまは世俗のただ中にあって考えることすらできない。しかし、もしその時がくるとするならば、有難いこの霊名をいただくことはあるだろうか。

夫との出会い

病の完全にいえぬまま学校を卒業した初女さんが、教師として赴任した小学校の当時の校長が、のちに夫となる佐藤又一氏である。まだ、教室に幼いきょうだいを背負って連れてくる児童がいたような時代、一年生七十名の担任となったものの、しばしば病気で学校を休む初女さんと、肺を病む妻と三人の子のある佐藤校長は言葉を交わすことが多くなり、親しくなっていったという。

「劣等生を作るのは教師の責任。生あるものは必ず育つ」をモットーとする、温かでユニークな佐藤校長は、二十九歳で教頭に任命され、学校経営においても独創的な方針をつぎつぎに打ち出すような熱血漢であった。子供たちに民謡を普及したり、戦時下で修学旅行が規制された中でも徒歩旅行を決行したりする。新しいことに意欲的で、しばしば批判されるようなこともどんどんと教育にとりいれていく校長であった。

佐藤校長は、初女さんへの手紙に、『万葉集』や自作の歌に想いを託して送ってくるような人で、晩年には弘前公園の桜を研究し論文までものしている。囲碁や尺八も良くし、教えてもいる。後世に残るようにと自ら作詞作曲した『桜音頭』は、退職金をつぎ込んで盛大な発表会まで催した。初女さんの父と、どこか似ている人である。

そのころ佐藤校長の妻は、胸を患って闘病中であった。感染を恐れて、誰も近くには寄りたがらない佐藤校長の妻を、初女さんはしばしば見舞い、間近の死を予感していた妻の方は、「この人なら」と初女さんに特別の強い印象を抱いたらしい。

やがて妻を亡くした校長から初女さんは結婚を申し込まれるが、当時佐藤校長は五十歳。初女さんは二十四歳で、三人の子のある親子ほども歳の離れた人との結婚は、またしても周囲の大反対を押し切っての決断であった。いかに病弱とはいえ、大事な長女の結婚である。最後まで強く反対し続けた母を、最終的には父が先に折れて説得してくれたという。

「大変な佐藤校長への愛情だったんですね」

「そうでもない（笑）。夫に対して、この人ならという、そこまではいきませんでしたね」

との意外な、関係者がすべて亡くなっているからこその率直な答えが返ってきた。

「やっぱり病身だったから、結婚できないと思っていたんです。病気で、話（縁談）

が出てもみんな壊れてたでしょ。わたしはご飯炊きだったらできると思って、ご飯炊きにいくつもりで結婚しましたね。亡くなった先妻が生きているうちに、わたしのことを子どもたちに話していた、ということが大きかったです」

初女さんと同い年の長男は、ただ一度、結婚の挨拶をして祝福を受けたきり、直後にそのままマニラに出征し戦死してしまった。残された先妻の二人の子はともに初女さんより先に亡くなったが、最後まで家族としてよく過ごし、感謝で送ることができたのは幸いだったという。

初女さんの結婚式は敗戦の年の五月。灯火管制の中、知人の家の自宅で行なわれたが、七月には青森市内を灰燼に帰した「青森大空襲」で、新婚の家を失ってしまった。

「市民は、いるところがなかったんですよ」

空襲の中、命からがら田んぼの泥の中を逃げ、丹前を被って土塊の中に身を隠しながら、教師だった新婚の初女さんが考えたことは、国のいうことをいいなりになって単純に信じてはならない、自分で考える人間にならなくてはならない、ということだったという。早くからキリスト教を通じて外国人を知っていた初女さんにとって、敵国の悪いことばかりを子どもに吹き込み、「鬼畜米英」を強要してくる文部省からの通達は、苦痛以外の何も

夫、佐藤又一氏と

焼け野原の青森市中心部、1945 年 9 月撮影
（「青森空襲を記録する会」提供）

のでもなかったという。

「何事も自分で考えることの大事さをいう、人生においての信念の強さ、時どきに反対を振り切ってこられた強さは、生まれつきでしょうか」

「生まれつきだと思う。変わり者で。誰がなんといっても揺らがないものね。自分でこれ、と思った時は」

初女さんの「素直に生きる」の素直は、人の意見にそのままに従うことではなく、自分の感覚、信じたことに従って、その道をまっすぐに生きるということである。

ちなみに、この青森の大空襲は「外国人」であったわたしの両親も経験している。オモニ(母)は後年、夏のねぶた祭りで最終日にねぶたを流す浜で打ち上げられる花火のヒュウウという音を聴くたびに、焼夷弾の落ちてくる音を連想するといって嫌がった。

我が家は青森市の中心部・柳町に戦後新しく建てられたが、その地所はもっとも爆撃が激しく多くの人が犠牲になった場所でもあった。近くに観音像が建っていた(現在は他所に移転)のは、その慰霊のためだったと聞く。

戦後生まれで事情を全く知らなかったにもかかわらず、幼いわたしはたびたび自宅廊下の一角に赤い目をした、ペンギンのような黒い行列の幻影を見てうなされた。他の姉妹もそうだったというので後にその事情を知ったが、いまビルの建ち並ぶ市内一の繁華街になっている場所の、一体どこが我が家の廊下であったかと思うと、感慨が深い。

いずれにせよ、わたしは死に異常に怯える子どもであった。実は生きていることも怖かったのかもしれない。

第五章　自分を信じて

――初女さんとの対話――

信仰について

――不安を抱える人も多い中で、初女先生のようにいつも神様の存在を感じていらしたら、安らかでしょうね。

「そうですね。いつもそばに神様がいらっしゃるというか……信仰が欲しいという人がいるんですが、なかなか信仰が育たないらしいの。信仰というのは自分が求めるものではなくて、それは自然にその人に備わるものなんですね。

わたしはね、何をするのでも無理をしてするのではなく、神様に身をまかせてるの。一生懸命になってやらないでね、与えられるままに受けさせてもらってやってきた。

わたしは何事においても、『はい』という返事が大事だと思ってるの。『はい』っていう返事は本当にいい。すっきりしますよね、短くてね。素直に受けるということがね。やっぱりいまは素直さが欠けていると思う。宗教なんかも素直だから。自分にないものをやっぱり望みますね」

――望みますか？

「うん、望む」

——でも素直すぎると、現代では騙されることが多かったりするので、まず警戒して疑うということも、生きる上では必要ではありませんか？

「男女に限らず、善と悪をはっきりと見極めることができるということ、それも素直に入るんですよね。いま、そういう人が大変少なくなりましたね。どうすれば出世するかとか、損か得かとか、そういうことばかりですもんね」

——したいと思っていることをまっすぐに、そのとおりに歩いていく？

「うん。やっぱり自分の考えに忠実に添って生活していく。こうなればいいな、ではなく、なる、とか、したい、とかいうふうに」

——すごいことですよね。他の人にはなかなかできない。

「いや、ものがわからないんだよ。わかればもっと深く考えるんだけれども」

——でも、不安がないわけですよね、先生は自分を信じているわけですから。

「そうだと思う。よその人が見れば、危ないけれどもね」

——その自信はどこからきているんですか？

「やっぱり過去ですよね。いままでやってきた過去があるから。ずっとやってきて、無駄だったことは一つもない。それでいま、ここまで進んだというか」

佐藤初女という人間を作り、支えた大きなものに、キリスト教への揺らぎない信仰があったことは自他ともに認めるところであるが、しかし何よりも強かったのは、自分自身の感覚に対する自信である。

いつも自分の生に神の存在を感じ、それを信じて行動することの安らかさ。唯物論的な人たちの間でつねに宗教が警戒され忌避されるのは、目に見えないものにコントロールされることへの恐怖と嫌悪であると思うが、初女さんの場合は宗教の原理原則に盲目的に従うのではなく、まず自分があり、それは善であるかどうかを確認する絶対的な存在として、神が存在しているのである。

まなじりを決する、必死になる、はもちろん、「一生懸命にやる」という言葉すら初女さんの中にはないという。誠実で、最後まできちんと仕事をやりとおす責任感ある初女さんの姿勢は、一生懸命にも見えるが、懸命なのではなく、神の意志を受けてそのままに生きる素直さであると本人はいう。

初女さんの受洗は一九四三年、五歳の頃にキリスト教を意識してから二十八年後、三十三歳の時である。ことを急がず時を待つ。それが自然にできるのも、そこに神の存在と意志を確信しているからだ。

頭で思うことと、肉体の感覚からくる実感。それを丸ごと一つのものとして受け入れることは、佐藤初女さんに独特の人生観、哲学、思想、行動をもたらした。何事もあきらめない、しかし急がない。

カトリックの初女さんは離婚には反対で、ことに子どもがいる場合には絶対にすべきではないという。しかも自らの信念から、女は受けるもの、夫を包み込む海のような愛情で、という人である。神の作った男女の違い、特性を生かして調和をとってこそ関係は上手くいくのだから、努力せよという。

男女の調和

――先生は女性の役割ということをいいますが、それだと、外でばりばり働きたい女性は応援してもらえない。家庭の中の仕事だけしなさいといわれれば苦しみます。初女さんやわたしの場合はたまたま、台所に立って家族のための食事を作ることが苦になりませんでしたし、手仕事が好きで、それがストレス解消にもなるということが幸いでしたけど、皆がそうとは限りませんね。

「でも、わたしはそういうことをするのは女性の宿命だと自然に思っていましたね。それを幸せにするか、不幸にするかっていうのが、その人の生活ではないかしら？ですからお母さんが家にいないで、外にばかりいるというのはあまり好きでないです。あまり賛成してないね。

そういうことで相談されると、わたしは心の中ではそうでなくて反対を望んでいるわけでしょ？　ですからそういう場合は、言葉ではなく、やっぱり行動で見せたいと思う。そして、その人が、『これが一番良いんだな』っていう風に感じてもらいたい。言葉でいうよりも、そこを見て、よい奥さんが美味しいものをたくさん作ってあげて、家族が喜んでいるのを目に見えるようにね。食事を作ることはたのしいことですから、わたしは作ってあげたい」

心に悩みを抱え初女さんを訪ねてくる人の多くは、周囲との人間関係に問題を抱えている。夫と争い苦しむ人びとの中には離婚を考える人も多かった。

——ご夫婦で相談にいらした場合は？

「基本的には心の中では、夫の方より妻に多くを望むことが多かったですね」

それでも女性たちの反発をまねかず双方に感謝される結果になったのは、片方だけを断罪せずに、双方の話を心から聞くようにしたからである。

初女さんには理論ではなく生物としての女性性に対する確信があり、初女さん自身の行動があった。宗教上の信念からも個人的な見解からも、初女さんは、家事は女の天職といってはばからないが、現代に生きる女性たちには難しい要求であるかも知れない。

――フェミニズムからの批判は、ありませんでしたか?

「だって自信があるもの。(女のする仕事は)下のことに思われるからね、誤解されることは多いね。でもわたしは自信あるからね。わたし、それでやってきたと思う」

男と女が全く同じならば、神があえて男と女を作るはずはない。男と女という異なるものが、それぞれに与えられた個性、力を充分に発揮できてこそ「いのち」は輝く。わたしもそれは同感である。だからこそ、男性が「父性」を自覚し発揮しなければ、男女の調和にはならない。

初女さんの自宅である〈弘前イスキア〉と〈森のイスキア〉は、距離にして約二十キロ離れている。訪問客があるたびの移動は至難であった。感謝の気持ちから、苦労する初女さんのために自動車の購入を申し出てくれたのは、初女さんによって和解し、円満を取り戻した関西のあるご夫妻であった。

「どんな車がよいか」と問われて、「大きな車」と即答したというのは、わたしの大好きな初女さんのエピソードである。そうでなければ〈イスキア〉を訪れる人たちを迎えるためのたくさんの荷物も複数のスタッフも、一度には運べないからである。この「足」がなければ、いまの〈森のイスキア〉はなかったと初女さんが断言するほど、車は有難い贈り物であった。この夫妻にとって、〈イスキア〉を訪れ、初女さんによって取り戻した夫婦仲への感謝は、それほどまでに大きかったのである。

初女さんには、目の前では互いを激しくなじりながらも、遠く関西から東北の最果てにまでやってくるほど不和を嘆き、修復を願う夫婦の熱い想いが伝わっていた。だからこそ一方だけに肩入れしたり、一方だけを断罪することなく、二人の気持ちを信じて受けとめ、じっと見守ったのである。

社会活動

初女さん自身の積極的な社会活動と、家庭の主婦としての仕事は矛盾せずにどう行われてきたか。

女の宿命、家事。初女さんの著すものは一見旧《ふる》い女そのもののようでありながら、しかし実際の初女さんは学校で教え、工房を主宰し、ガールスカウトの活動や母校の同窓会長、福祉施設の理事長など、多いときには八つもの役職をこなし、宗教関係の仕事では、メンバーの中の紅一点として海外にまで幾度も足を運んでいる。

――たしかに、女の人は結婚して家庭ができると、ある意味では安定はしますね。

「そうだ。やっぱりそこを体験した人は違うね」

――でも初女さんご自身は、ずい分社会活動をしてきました。

「うん。ある時は八つも役職に就いていました。それで夫婦喧嘩をしないで、喜んで出られるようにって考えたら、やはり食。食を欠かさないということ。どんな時でもかならずその準備だけはして出ていました。本当に食は欠かせないから頑

初女さんの作ったハガキ

張って通したんですけど」

戦後ほどなく若くして亡くなった友が、初女さんに残した言葉が「人は社会的になにか認められるようなことをしなければだめなのよ」だったという。友の残した無念の遺言は、クリスチャンとして本来健康であれば奉仕の活動がしたかった初女さんには、抵抗感なくしみ入るものであり、決定的な影響を与えた。しかしだからこそ、初女さんはどんなときにも家族の食事だけは用意して、心配のないようにしてから出掛けたという。

食事の用意が無理なくできたのは、それが押し付けられた良妻賢母の通念や義務感からではなく、初女さんにとってのごく自然な歓びであり、確信だったからである。たとえ自分のいない食卓でも、自分の用意した食事をつうじて家族のいのちと繋がっているという安心感。外での活動も、それがなければ虚しい。後日、そこにいないにもかかわらず、タオルにくるまれて届けられた初女さんのおむすびが多くの人を勇気づけたというエピソードが語るように、料理はそこに託された想いこそが大事なのである。そうでなければ、きっと食事は砂を噛むように虚しいに違いない。

復学、肺の手術、結婚、出産。健康な人にとっては当たり前のことが、初女さんにとってはどれもこれもが周囲の懸念を押し切っての、命のかかった決断であった。ことに出産は、母体である初女さんを懸念して、四軒巡った医師も家族もすべて大反対の中での決断であった。命をかける、命がけという言葉は、銃や武器を手にした軍人のものではなく、出産や子育て、家族の世話など、むしろ日常の中で弱者に関わることの多い、女性こその実感ではないか。

——出産の時は怖ろしかったでしょう。

「ぜんぜん、そんなこと考えない。『大丈夫』と声が聞こえたの、自分の決心みたいな。神様が入ってくるのかね、心配がないわけさ。普通は心配が大きいんだもの」

——わたしだったら、きっと心配で心配で。

「そういうような難関をね、反対を押し切って、何も心配をしないで。それがまぁ、今を生きる、でしょうねぇ」

——イスキアに来る人たちはその「今を生きる」という感覚がもてないできている。

「今を生きるっていうのはね、一分後も五分後もないからね。やっぱり、今、このときなんですよね。だから黙って見守る、温かく見守る、あたりまえのようにそこにいる、ということが大事なんですね」

――初女さんが男性から学んだことは？　あるいはどんな男性に魅力を感じますか？

「やっぱり受け入れるということは大きいと思うから、受け入れる男性。受け入れてもらうというのは、大きなものに感じます。何かを我慢しているときや、何かをしたいというときに受け入れてもらえないと悩むでしょう？　そういうときに、『ああそうか』と受け入れられたときには、やっぱりいいなと思いましたけど。男女の調和ですね。上手くいかないカップルは調和がとれていないんですよ」

初女さんの父は津軽藩士の末裔である。山っ気が多く、たえず目は外に向いて外交的。さまざまな事業にも手を出しては失敗の繰り返しだったが懲りない。

初女さんが生まれた頃は沖館で材木を商い、北海道と青森間の物資の流通にも手を広げていたが、堅実な母と父とは水と油のように気質が違い、ことあるごとに意見が衝突していたという。

――初女さんは、「わたしなら、もう少し夫に優しくして、穏やかな家庭がつくれるのに」と、子どもながらに思っていたのではないですか？

「あー、そうだ、それが強かった、そう思ってた。叱らなくても褒めなくても良いけれど、気持ちとしては穏やかな雰囲気にしたかったの。

わたしは同じことを繰り返したくはないと思っていましたね。母は子どもは多いし、苦労したと思います。あとの弟妹には『何もお父さんを叱ってるんではないのに』といっていたそうです。わたしは夫とは穏やかな家庭でしたね。夫と父は似ている。似ているところがあるから……」

――子どもの頃から胸に抱いた家庭経営への強い想いが、結婚と後年の活動に繋がったんですね？

「そう。家庭を自分で形作ってみたかった。主婦に対する憧れがあったんですね。子どもの頃から小さなものを寄せたり（集めたり）、お茶碗でも皿でも全部ね、そういうことをして遊んでいましたからね」

はいと答えて素直に行動に移す。初女さんにとって、女として生まれたからには、女として生きる。それも「素直」にはいっている。男性のいうことを何でも聞くという素直ではなく、女としての自分の心身の感覚からの声に、素直に従うという意味で。

両性具有。映画に映っている初女さんは既に七十代であるが、今とは違って、わたしはむしろがっちりとした、男性的な骨太の印象を受ける。初女さんの母性は「受け入れる」

ということで評価されることが多いが、いまその初女さん自身が、男性の魅力も「受け入れることだ」といっているのである。いっとき、男性の魅力として「包容力」の喧伝された時がある。「三高」(高身長・高学歴・高収入)が流行るずっと以前。本当の人の優しさとは、人を受け入れる=優しさ、というのは深い真実だと、わたしも思う。なかなかできないことではあるが。

母

おばあちゃん子だった初女さんが、しかしやはり人生で一番影響を受けた人は、母・トキさんであるという。

「うちの母も勉強はしたくてもできなかった人です。当時の時代がそうでしたでしょ、社会の。やはりまだ女学校に行くのが珍しい時代でしたから。あるときわたしは学校で、母親の趣味とか書かなきゃならない。それで『母さん、何が趣味なの?』と訊いたら『働くこと』というんですよ。ガッカリしましたね。

そのときわたし、『そんなことでなくて、もう少し良いことしゃべって』って。母は働くことが一番なんだっていっていいましたね、やっぱり母は最後まで働きました。それを見て、いままたわたしがやってる。わたしもただ、働き通しですね」

母は三人姉妹の真ん中で、姉妹の中で一番優秀であったが、学問は修《おさ》められなかった。家庭での仕事に追われながらも、図書館や寺など、大きなところに寄付などをしていた社会的な姿が印象深いという。

初女さんのすぐ下の弟、故・泰麿氏の妻で、現在は〈イスキア〉のスタッフでもある義妹の芙美さんは、姑のトキさんは大変優しく、嫁として嫌な思いをしたことは一度もなかったと語るが、長女であった初女さんにとってのトキさんは、大家族を支えて余裕なく家事に追われている、口やかましく厳しく、父とは生活を巡って妥協なくやりあう姿の、甘えることの叶わぬ母であった。

しかしどの娘にとっても、やはり色々な意味で同性の母の影響は大きい。たとえ反発しているような関係にみえても、娘は母の叶えられなかった夢、望んだ生き方をするようになるのではないか。

トキさんが忙しかったこともあり、初女さんの料理のあれこれは祖母の指南によるが、神家の料理は肝心な時には料理人を呼んで作ってもらっていた、というのも意外な事実で

初女さんの母、トキさん

ある。プロの料理人の一挙手一投足を示して、祖母は初女さんに料理を伝えたという。

初女さんが結婚にあたって叔父から贈られたという、山椒の木で作られた三本のすりこぎ。それを丁寧に使って料理をする姿は幾葉もの写真になり、わたしも最も好きな初女さんの姿であるが、それは母親や祖母からの日常からの伝授というよりは、プロの丁寧な仕事の間合い、技から初女さんが学んだ独自のものも多かったのではないかと問うと、そうだという。丁寧、というのは、残念ながらある種の余裕のある暮らしの中からでないと、生まれ得ないものである。

いま、十七年間の長きに渡る闘病の日々も、働きどおしできた日々も、すべて無駄ではなかった、ただ捨ててきたような時間ではなかった、あの日々があって今の自分があると初女さんはいう。あの日々を乗り越えてきたという想いが迷いのない自分を支える自信となり、苦しむ人に寄り添う心に繋がったと思えるからである。

「早く治って働きたい、本当に働きたい」

——いまもしているでしょう?

「今はしれたもんでしょう」

そういいながらも〈イスキア〉の行く末を案じてたえず気が休まらない。

「ゆっくり暮らしてみたい。最期はね」

――わたしたちになにか、力になれることはありますか。

「んー、あるね。心」

人と心の通じ合えたときが最も嬉しい。その嬉しさ、喜びこそが、初女さんにとっての「力」になるという。

第六章　わかちあう手紙

（前頁写真）2009 年、初女さんの米寿を祝う会で佐藤初女さんの、神の道に一身を捧げたような活動は、無名のときも有名になった後も基本的には変わることなく不断に続けられている。遠方での活動は、七十四歳の時の映画出演が機となって、日本の国内はいうにおよばず海外までも伸び飛躍的に増えていった。

「手作りのおむすび作り」を通じた食の講習会や講演会で、最期まで初女さんがこだわり貫こうとしたのが「わかちあい」の時間であった。さまざまな想いを抱えた参加者の心を汲み、それを皆でわかちあう。世の中には、充たされて幸せの中にいるために他者の存在を意識せず、わかちあうことを想像もしない人びとがいる。だからこそ良いことはもちろん、人の哀しみや苦しみにも想いをいたし、皆でわかちあう。そして寄り添う。初女さんはその形に徹底的にこだわった。

それは会場で書いてもらった参加者からの質問・相談形式の手紙をその場で直接に初女さんが読み上げ、回答するという形での対話を皆で共有するというもので、たいへんに時間がかかった。初女さんが司会者などの代読を決して望まなかったからである。

こだわりの理由が今ならわかる。初女さんは野菜の皮むきにさえ命を想い接したように、手紙という形で吐露されたそれぞれの人の心の叫びを尊び、丁寧に相対するという自らの姿で範を示したかったのである。

〈弘前イスキア〉や〈森のイスキア〉へ届く直接の手紙も多い。初女さんご自身は文章を書くのは苦手だといって返信は滞っていたが、多くの方からいただいた手紙は几帳面にとっておいて、時々読み返していた。どれも人生の深刻な岐路で光となってくれた初女さんへの真摯な手紙である。

本書は、はじめ初女さんとの往復書簡集として編集部から提案され、対話集、インタヴューと検討を重ねたが、初女さんはもともと文章を書くのは苦手だという。対話はいいが、インタヴューも苦手だというので、結果としてはこういう形になった。しかし形はどうあれ全体として本著は、初めてわたしが初女さんに書き送った手紙への返信といえるかもしれない。

他の多くの方々から寄せられていたはずの深い想いの手紙を差しおく心苦しさを覚えながらも、幻の往復書簡集の端緒として、二〇一四年冬に、わたしが初女さんに問いかけるようにして書いた最初の手紙を、ここに記しておきたい。

信仰という道

初女先生、十一月の弘前でのギター・コンサートでは本当にお世話になりました。わたしは弘前に生まれ育ち、初女先生や〈イスキア〉の皆さんとももう何度もお会いし、何より弘前に行くたびに、小学校からの友人たちとは幾度となく同じ時間をすごしているのに、今回の弘前での出会いと時間は特別なものになりました。一体これまでと何がどう違ったのでしょうか。

三年前のことです。〈森のイスキア〉を訪れて、さぁ、もう帰ろうとしたら、初女先生が玄関にちょこんと座って「朴さん、洗礼を受けませんか」とおっしゃいました。聖書もろくに読んでおらず、普通の人以上に巷塵にまみれているわたしです。その時は突然の先生の言葉に驚いてしまい、しかし先生はこのようなことで冗談をいったり人をからかったりする方ではありませんので、当惑し訝しく思い、有難く畏れ多く思いながらも、そのことは右から左へと聞き流したのでした。

先生はご記憶でしょうか？

その時、洗礼は「わたしがする」（授けたい）とおっしゃり、名前は自分がテレジアだから、小さなテレジアにしたいとおっしゃったのでした。その言葉はわたしのようなふとどき者ではなく、先生により深く帰依し信仰の道に生きようとしている他の人が聴いたなら、どれほど重く嬉しく聴いたことでしょう。

しかし、そのときには嬉しくはありましたが戸惑いの方が大きく、冗談のように受け流した出来ごとがわたしの胸には現実味を帯びたこととして甦り、今ならできるかもしれないと思うことがときどきあります。

初女先生の御著書『いまを生きる言葉』の中に、苦しいとき、行き詰まったときごとに神父様のもとを訪れ、すなおに心を吐露し、その度に乗り越えてゆくエピソードが何度も出てきます。

本当は、いつも答えは初女さんの中にありました。先生ご自身が、苦しいときにはその苦しみから逃れようとせずに、受け入れて充分に苦しみなさい、そして明日を待ちなさい、そういつもおっしゃっていたくらいですから。しかし、ならば何故、初女さんはその度にいつも教会を訪れ、神父様に会い、言葉をいただこうとしたのか。

初女さんの信仰は、くずおれるような、なだれ込むような神への依存ではなく、しっかりと自分の足で立っている人の背中をそっと支え押し、寄り添って見守ってくれる、信頼のおける絶対的な存在を求めてのものではないかと、わたしなりに考えました。何かを行なおうと決断し、踏み出すときの初女さんは孤独だったと思います。だからこそ、そこに絶対的な存在の神がいてくれるなら……孤独ではない。

行いは名声や富のためではなく、純粋な愛の行いであるかどうか、それは初女さんにとってはとても重大なことであったはずです。

わたしは長年、自分のことは唯物論者だと信じてきました（マルクスもほとんどまともには読んでいませんが）。しかし、わたしはどうにも「情」というものに囚われやすく、合理的にスマートに処理すればよいことにもいちいち拘泥して、余計な哀しみや苦しみの多い人生だったように思います。

小さな頃、ことに弘前城公園での「桜祭り」などで人がにぎやかに集う時、街角に白い服を着て路に膝をつき、哀しげに頭を垂れる人に、わたしは怯え深く傷つきました。その人は傷痍軍人と呼ばれる人で、戦争によって不具になった身体を晒しながら施しを乞う人たちだと教えられたときの哀しみ。いやそれより、まだ幼く無力な自分はどうすることもできないのに、道ゆく力も財力もありそうな大人たちが彼を一顧だにせず通り過ぎて慈悲を与えないことに、一層の衝撃を受けたのでした。家族はそういうわたしの傾向を喜びませんでした。うっとうしい、いい子ぶりっこ、変わった娘。

家族の中で孤独になってゆく子どもの寂しさを、先生なら想像して下さるかもしれません。後日、この傷痍軍人の話はクラスの同級生から「あの人たちには恩給が出ているはず。それを働きもせず、あんな姿を晒しているのは怠け者だと親がいっていた」というのを聞いて、二重の意味で衝撃だったことを覚えています。親の考えが子どもにはそのままうつるのですね。（後日、今度はこの人たちは戦後に日本国籍を剥奪されて、あらゆる国家補償から排除された朝鮮人ではなかったかと教えられて、いっそう胸が衝かれました……）

マザー

今回、慌ただしい訪問だったにもかかわらず先生がわたしたちのために食事を作って待っていてくださったことを知り、そのうえ先生が、九七年にわたしが奈良・薬師寺で開いた「ユーラシア出会いのコンサート in 薬師寺」の時に如来像の前で下さった言葉をきれいに清書して再読して下さった、素朴でまっすぐな、温かでなつかしいあり方に、わたしは思わず「マザー」という言葉を想いました。

先生の言葉はいつもまっすぐです。そして少しも飾りがない。一語一語の直球に、幼い頃のわたしが、もしこのような言葉と愛情の中で育っていたら……と思わずにいられませんでした。

そしてシスターフッドということ。シスターフッドという言葉を、わたしはフェミニズムを学ぶ中で女性たちの連帯というほどの意味で捉えていましたが、その言葉は今は違うニュアンスでわたしの中に響いています。

母なる人を中心に、決して傷つけず、妬まず、互いを思い、助け合う姉妹たち。清らかでいたいという気持ちを清らかなままに受け入れ繋がり合うことができるならば、家族や肉親というだけでなく、もし世界中の人びととマザーやシスターとして結ばれるならば、それはどれほど安らかで力強いだろうと思えたのでした。憎み心など必要ないし、持ちようがない、その安らかさ。

その清廉なる品性、巨人とも例えられた頭脳と知の集積、あたたかな人柄の魅力とで、わたしが知る日本人の中で最も尊敬し影響を受けた人に、故・加藤周一氏がいます。わたしは加藤さんの優れた著作『羊の歌』に記された、加藤氏の女性への愛のありよう、愛し方にたいへん深い印象を持ちました。人類の半分を占める異性への加藤氏の態度には、氏の人間としての質、真摯で根源的な思想が充溢して顕われていました。加藤氏は本来は医師だった人で、深く複雑な思考が平明で明晰な表現によって、そのまま鋭い批評になっている方でした。

その加藤さんは亡くなる直前に突然にキリスト教の洗礼を受け、周りを驚かせました。加藤さんの愛してやまなかったご母堂と妹さんはともにキリスト者ですから、死に際して加藤さんはその愛するお二人と同じ世界の人となりたかったのかもしれませんが、それにしてもです。(妻の翠さんは洗礼の相談を受けたときに大変驚いて、強く反対したと聞いています。)

加藤さんの影響も、わたしは多分に受けたのでしょう。しかし宗教に関して、いま一人、わたしに多大な影響を及ぼしているのは、米国に在住の作家・米谷ふみ子さんです。

米谷さんは徹底した宗教嫌いで、わたしがしばしば口にする「霊的な」言説・言動は、そのつど完膚なきまでに糾弾、叱責されます。徹底した平等主義の方で、人の上下を確定する「敬語」を使いたくないために、日本を離れてアメリカに渡ったというほどの人です。その徹底ぶりは、いっそ気持ちがよいほどです。

「宗教は人をコントロールし、人は自分でできることさえ神に委ねてコントロールされる」といいます。

ですから米谷さんは宗教人を信用しません。目に見えないことで人を支配するのに、宗教ほど利用され、恐ろしいものはないと歴史に鑑みているのです。（二〇一五年夏、選挙のたびに信者を動員して自民党政府と結びついた宗教政党・公明党が、非暴力を謳う日本国憲法の精神に抗ってまで、人のいのちを殺戮＝戦争で奪う可能性を開いた自民党案の集団的自衛権に賛成したのは、象徴的な現代のできごとでした。）

わたしは一つの宗教に帰依はしていません。しかし、幼い頃から空を眺めるのが大好きだったわたしには、自然の摂理というのは人智を超えた広大な神秘の世界であって、それはどうしても神の意志としか思えない。

季節が移ろうごとに、言葉にできぬほど美しく姿を変え、夜には降るように星のまたたく、広く深い津軽の田舎の空を眺めてわたしは育ったのです。これは誰がつくったのだろう、いつ？　そしてこの星空はどこまでつづいているのだろう？

わたしは「霊的なこと」に抵抗がなく、身近に感じる子どもでした。しかしそれは救いになることよりも、実は重荷になることの方が多いことでした。ものごとには敏感であるよりも、鈍感である方がずっと楽なのです。

初女さんに多大な影響を及ぼして〈弘前イスキア〉の発端ともなったヴァレー神父の石碑には「犠牲の伴わない奉仕には意味がない。奉仕のない人生には意味がない」という聖句が刻まれているそうですが、楽に楽しく生きるためには、他人のことなど考えず、奉仕などもせず、自分のことしかやらないという打算的利己主義が得に決まっています。実際、権力者や経済で大成功した人には、そのようなタイプが多い。いちいち人の哀しみにかかずらっていては滞ることが多くなり、金儲けには支障がでる。そうでなければなかなか大きくはなれなかったでしょう。しかしわかってはいても、そうはしない、できない人びとが世の中には一定数います。

わがままで甘ったれのはずのわたしが、宗教人でもないのに気づいてみれば余力もないのにいつも他者のことに関わり、あっぷあっぷしながらそれを「神様の意志」と自然に考えているのは、滑稽で不思議でさえあります。

しかしだからこそ、いつも肉親のようにわたしを温かく迎え入れ、想い、励まして安心を下さるのが初女さんのような存在であれば、頭や理屈ではなく、わたしはすでに初女さんの子であり家族なのではないか、わたしには初女さん繋がりのきょうだいがたくさんいる、そうも思えたのです。

わたしのオモニ（母）

亡くなった母（オモニ）のことをよく想い出します。生きていた頃は決して心の通う、良き母娘という関係ではなかったと思います。オモニを想うと、わたしはいつも淋しい。もっと仲良く、よい時間がもちたかったと心から残念に思います。想いがあるのに届かない、なかなか気持ちが通じ合わない母娘でした。オモニはあまり愛を語らない淋しい人でした。だからそういうオモニを見ると、また一緒にいつもわたしは淋しかったのだと思います。

スティーヴン・ダルドリー監督の映画『めぐりあう時間たち』で、ジュリアン・ムーア演じる恵まれているのに虚しい母、ローラ・ブラウンを見たときには胸が震えました。そこにオモニの姿を見いだしたからでした。

オモニを想うと切なくなります。あの、朝鮮が丸ごと日本の植民地になっていた過酷な時代に、オモニ自身も母親に甘やかに甘えるなどということは叶わなかったのでしょう。

その上オモニはわたしと同じように大家族の末っ子です。家族の中で軽んじられることはあっても、何事も男子大事の朝鮮の儒教の中で、どのように遇されて成長したかは想像がつきます。

いま想えば、わたしがオモニの「母」になればよかったのです。しかしわたしは若く未熟で、到底それはできないことでした。オモニもまた、自分がされたように末っ子のわたしには対していましたから、残念ながら二人の関係はほかの姉妹よりもいっそう、理解しあうよりは複雑に捻《ねじ》れていたように思います。

オモニは、「淋しい子どもの心」を抱えたままの母として逝き、わたしは大人になりきれない子どもっぽいままの娘としてオモニを見送りました。今はそれが残念で仕方がないのです。哀しく想い出されて仕方がないのです。

オモニは一九二二年生まれで、二一年生まれの初女先生とまったく同じ時代を生きた人です。社交には不器用で洗練されない田舎者でしたが、手先が器用で頑張り屋のオモニは好奇心と向上心の旺盛な、なかなかに頭の切れる人でした。もし同時代の日本の女性のように教育を与えられていたなら、全く違う人生があったでしょう。一九四〇年頃、当時暮らしていた秋田県土崎市の土崎国民学校で開かれた「日本料理教室」というのに割烹着を

朴才暎の母・末生（中央に立つ）19 歳。1940 年、秋田県土崎市土崎国民学校にて開かれた日本料理教室にて

着て参加している、とても若いオモニの写真が残っています。

文字や計算も独学で覚えただけでなく、チマ・チョゴリを縫うのはもちろん、編み物もよくし、あるときは日本の着物まできれいにたためるのを知って驚きました。歳のあまり違わないオモニの甥が大学まで教育を受けましたから、オモニが初等教育さえ受けさせてもらえなかったのは、厳しい時代の女だからでした。あの時代、朝鮮ではまだ女性に学問をさせることが一般的ではありませんでした。

日本といえどまだ全体に貧しかった一九六〇年代に、東北の田舎から娘たちを教育のために次々と東京の大学まで送り出してくれた両親には、感謝するばかりです。「娘に教育なんて」と嗤い者になりかねないコリアン・ソサエティの空気の中で父（アボジ）を決断させてくれたのは、学ぶことに理解のあった母（オモニ）の強い説得があってのことでした。

オモニは一生懸命に料理を作る人でした。「孤独な一心不乱」という感じでしょうか。楽しくのんびりニコニコしてみなで料理をたのしむというより、わたしが知る限り、いつも何かを思い詰めたように必死の風情なのです。きっと家族が多く、単に忙しかったからかもしれませんが。

まだ少女の頃に父（アボジ）との結婚が整って朝鮮から日本に来たのですが、朝鮮の祭祀に供える伝統的な餅（シルトク）から秋と春の松片《ソンピョン》（松の葉を敷いて蒸す餅）、冬至の小豆粥はもちろん、日本の東北ならではの烏賊飯やおはぎ、いなりずしなども季節ごとに作っていました。

わたしは末子のみそっかすで、上の姉たちが相手にしてくれないので自然と母にくっついていることが多く、特に台所で仕事をするオモニの手許をじっと見ていることが好きでした。にもかかわらず孤独で気持ちが行き交わなかった?と不思議に思われるかもしれませんが、母はそういう時、忙しい大人の常で幼い子どもを「邪魔、邪魔」と扱うのではなく、邪魔にさえせず放っておくのです。つまり眼中にさえない。本当に独りの世界で動いていて、端でじっとオモニを見つめている末っ子の存在さえ頭にないという感じです。

心を配って話かけたり、呼びかけたりということがなかったのです。それは第三者の目には判らなくても、幼いわたしの胸には、しんしんと伝わってくる事実でした。同じ方向は見ているのに、視線は交差しないという寂寥。今なら、そう表現するかもしれませんが、子どもの頃にはどんなに甘えても、返って来るものがない、心から甘えることのできない孤独を抱えたオモニ、そしてだからこその寂しい子どもという関係でした。

晩年、脳梗塞にもかかわらず、まないたに釘をさして食材を固定し、片手での料理に挑戦するような人でした。オモニはオモニの道を行く、そんな人でした。子どもにべったりと依存する母親が多い朝鮮の文化の中では、かなりの少数派です。このクールな個人主義は、長じてからは随分と有難かったのですが、小さな頃にはそうではありませんでした。

オンドル房

我が家は、わたしの小さな頃は台所に隣接した食堂に大きな長いテーブルがあって、大人数での食事の時間はとても愉しいものでした。

冬には夏の食堂からオンドル房――これは器用な父（アボジ）がわざわざ職人を頼み、自らも嬉々として参加し、唐紙を貼って朝鮮本国と同じように作った床でした――に場所を替え、〈森のイスキア〉にあるのとほとんど同じような大きさの丸テーブルで食事をするのですが、あの大人数での賑やかで楽しい食事の真髄が、今のわたしをも根本で支えているのでは、と思うことがしばしばあります。

わたしにとって家庭のイメージは「テーブルを囲む食事」でしたので、結婚後も子どもが家を離れるまでは家族揃っての夕食は大事なイベントで、毎日二時間ほども皆で食卓を囲み愉しみました。

わたしはいまもとても食いしん坊です。作るのも、いただくのも大好きです。どんなに疲れたときにも、まず美味しいものを口にいれよう！と思うだけで、そのたのしみのために嬉しくなり、力が湧いてきます。まさに人間は食べるために生きている、と実感します。手持ちぶさたで退屈なときも、まずは台所に立ちます。料理は創意工夫と食材との対話です。

初女先生は野菜が痛がるのでピーラーは使わないといいますが、実はわたしは心の中で、「でも包丁でむくのだって同じなのに……」と思っていました。「面倒くさい」ということばも好きではないので使わない、とおっしゃっていましたね。それは本当にそのとおりで、何事もいやいややらない、喜びをもってする、荒々しく荒んだ心でするのではなく、相手を思う優しい気持ちでということなのだと思います。それは実は相手のためならず、何より自分のためなのですね。

家族を思って作る悦び、食べてくれる人のいる歓び。初女先生が漬物を夜中にも何度も見に行き、野菜の声を聴いてこまめに石の重さを替えるという話は有名なのでご存知の方も多いと思いますが、わたしはこの間、何気ないときにそのことを同じように経験して、はっきりと自覚しました。

　いつもはゴメンね、などといいながら遠慮しつつ、自分なりに優しくピーラーを使って人参の皮を剥いていたのですが、その日はどうした訳かゆったりと「彼女」と向き合う気になり、「痛くないからねぇ」などと会話しながらゆっくりと包丁で皮を剥いたのです。そうすると、野菜のあえものに塩を振るのにもどっと振り入れたりせずに、万事に「これくらい、でいい？　どう？」などと我知らず食材と自然に会話をしているのです。レシピの数字によってというのではなく、茹で時間や火の強さなどというのも、鍋の中の野菜の様子をじっとみていると、ばたばたと荒々しくなどできない、ほどよい頃合いというのが自然とわかってくるように思えました。ことに野菜などをぐつぐつと煮る火の荒さは、耐えられないことだと判るようになりました。この全部の時間のなんと充実して楽しいこと、幸せなこと！

　初女先生は料理をしながらさまざまに考える、料理には深い意味がある、深いものを感じる、といいますが、本当にそのとおりで、料理をしない人はもったいないですね。

オモニとの別れ

オモニは二〇〇二年の春、四月に急逝しました。西行の「願わくば花の下にて春死なんその如月の望月のころ」を知っていたとは到底思えませんが、常々、桜の花の頃に逝きたいと願っていたとおり、自らその想いを叶えました。

わたしとオモニの最後の会話は、「シッケ」という米から作る朝鮮の甘酒を巡るものでした。わたしはこのシッケが大好きなので、自分でも作ってみようと思い立ったのです。オモニはこういうものも、ほとんど全部手作りのできる人でした。

奈良から東京のオモニに電話をかけて「ジアスターゼ？　えっ？　そんなものを入れるの？　薬局で買うの？」などと驚きながらも、内心「オモニはさすがだ」と得意で幸せな気持ちになりました。けれど、にんまりしながらメモを取り、無事に電話が終わりそうな時、なぜかわたしはオモニの何気ない一言にキレて激怒したのです。それはとても母親らしい、どこの家の母親でもいいそうな優しい娘への一言でした。しかしもう、覚えていません。「旦那様に優しくね」だったか「子どもたちを大切に」だったか、とにかくそのよ

脳梗塞で倒れた後も、オモニは 13 年間、一人暮らしを貫いた

うな温かな説教の言葉、それに激しく反応したのです。言葉は覚えていないのに、なぜ自分がそれに激しく反応したかは、いまもはっきりと自覚していて覚えているのです。

「その言葉はいまでなく、わたしがいまよりずっと幼なく、ずっと心細くて苦しく辛かったときにこそかけてもらいたかった。そのときは放っておいたくせに、なによ、いまごろ！」、だったのです。

オモニの絶句、驚愕したような哀しみの沈黙が、受話器を通してこちら側に伝わってきました。なんという娘でしょう。それがオモニとの最後の会話になりました。しかし、そのときには仕方がなかったのです。甘えたいときに甘えられなかった、温かく安心して受けとめてもらえなかったという記憶。実の母にもいつもどこかで気をつかい、緊張してかまえていたのは、わたしの責任というよりは、親の方の責任でした。だって、わたしをこの世に生み出したのはオモニなのですから。

人の言葉は芳しく

初女先生はご著書、『いまを生きる言葉――「森のイスキア」より』を下さるときに、本の扉に「人の言葉は芳しく」と書いて下さいました。また、一期一会という言葉もよくおっしゃいますね。わたしはその度に、母とのこの最期のエピソードを想い出します。経験した人はよくご存知だと思いますが、鋭い言葉でのやり取りは、時に本当に実際に刃物で切りつけあうよりも、激しく人を傷つけ、辛い思いをさせます。

わたしの育った家庭は悪い人たちではないのでしょうが（わたしの幼馴染みの間では語り草になっているほど）、言葉が厳しく、初めて聴いたわたしの同級生たちは驚いたといいます。一般的には津軽の言葉そのものが、なにか配慮を欠いたような荒々しさを孕んでいるようにも思えます。そのせいかどうか、わたしも子や夫に言葉が鋭く、自分がいやだった同じことを繰り返している、と、情けなく恥ずかしく思うことが多々あります。同じことを伝えるならば優しく伝えた方が良いとわかっているのに、です。

黙って相手の言い分を聞く、あれもこれもすべて。非難や論評などを加えず、ただひたすら想いを受け止め、耳を傾ける。わかっているのになかなかできないのです。

わたしは大変な食いしん坊です。そのために元気なときには大いに溌刺と動くのですが、何か哀しいことや気に病むことがあると、とたんにピタリと口は閉じて、もう何も受け付けなくなります。食べ物が喉を通らないのです。

オモニが――あの気まずい口争いをしたままオモニが逝ってしまったときには、もう何も食べられないどころか息さえできなくなり、葬儀の間の一週間で七キロも体重が落ちてしまいました。それだけに「楽しく美味しく食事ができることほど、人にとって幸せなことはない」といつも思います。人生の究極の幸福はそれにつきるといって良いと思います。ですから、わたしの幸福のバロメーターは食です。先生もそうですよね。もしかしたら人間関係のバロメーターも、それにつきるかもしれませんね。

安心して心から美味しく一緒に食事を楽しめる人、そういう人には、身も心も全開になることでしょう。ましてや初女さんの場合はその人のために、一つ一つ心を込めて丁寧にお料理をして迎えてくれるのです。「愛」そのもの。多くの人が〈イスキア〉を訪ねるのはそういう訳です。少しでも長くお元気でいてくださいますよう。

感謝をこめて、初女先生へ。

二〇一四年十二月十八日

朴才暎 拝

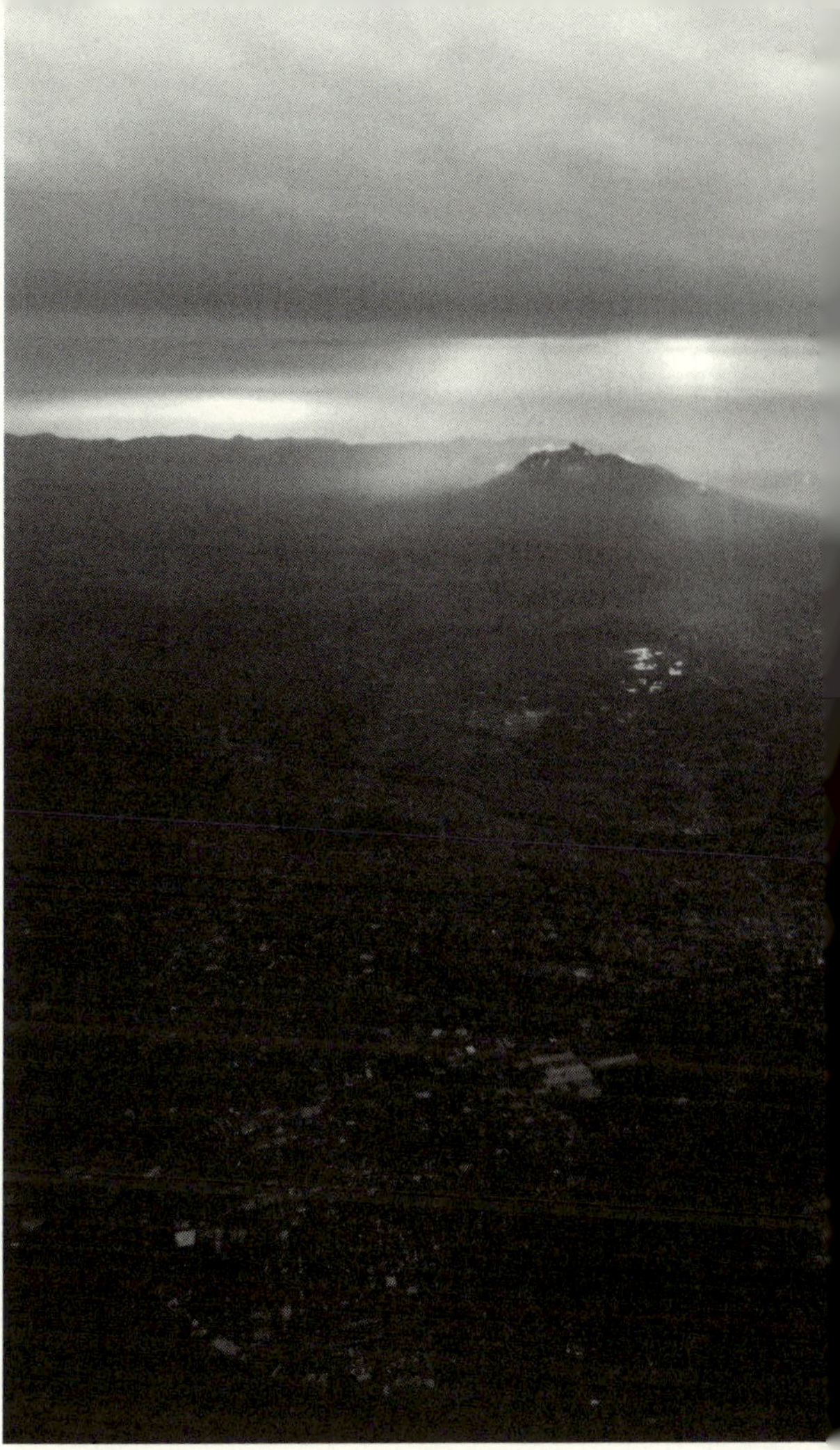

終章　空の旅

（前頁写真）飛行機から俯瞰した津軽平野と岩木山

人生最大の歓び――〈森のイスキア〉

――初女さんのこれまでの人生で一番嬉しかったことは何ですか？

「〈森のイスキア〉ができたこと」

津軽の中心地・弘前市から車で四、五十分走った北西の郊外に、霊峰・岩木山をいただいて、裾野にはろばろと広がる高原がある。道中にはアップルロードといわれる林檎の畑とトウモロコシ畑が続き、遠くには白神山地を望み、四季折々どの季節に訪れても心晴れる美しさがある。

近隣には岩木山を源泉とする温泉がそこかしこから湧き出ているが、その中の一つ、湯段温泉に近年別荘地として開かれた一角があり、そこに初女さんが活動の拠点とする〈森のイスキア〉が建てられたのは、〈弘前イスキア〉ができてから九年後の一九九二年の秋である。

自宅を訪れる多くの人のために、手狭になった弘前市内の自宅を二階屋に改築できたのは一九八三年、初女さんの活動に感化された人たちの篤志による「神の意志」であるが、自らのためには無欲な初女さんには、その後もこのような加護がなんども起きた。

弘前市中の〈イスキア〉から、より広い自然の中の〈イスキア〉を夢見て適当な土地を探し、それを湯段に見つけるが、訊けばそれは売買が許されていない土地であった。第一、すぐには購入の資金もない。しかし初女さんの願いを聞いたある篤志家が援助を申し出てくれた。するとそれまで売れないといっていた土地に待っていたように許可が下り、多くの人びとの協力でついに一九九二年に〈森のイスキア〉が湯段の地に建った。十月のことである。初女さんにとっては、まさに「願えよ、さらば叶えられん」であった。

初女さんが執念のようにこだわって〈イスキア〉に設置を願った鐘は、縁あってアメリカのレジナ・ラウデス修道院から贈られ、庭には岩木山の噴火による巨大石がおかれ、ダライ・ラマゆかりのクルミの木を始め、白樺やトチノキなど北国の樹木がさやさやと葉を揺らしている。

いま九十四歳になった初女さんは訥々と無口で、わずかに話すときには悠揚迫らぬ津軽弁である。他の誰とも違う、魅力ある独特の言葉の選び方。相手の話にはほとんど口をはさまず、聞くに徹する。映画に紹介されてからの生活は、それまでの日常を一変させるものであったが、初女さん自身のありようには少しの変化もない。その日、そのときに出来うることを、誠心誠意実践し、自分の信じる道を、迷うことなく歩んできたのが今日まで続いているという。しかし二〇一五年の晩秋、初女さんの人生の集大成でもある〈森のイスキア〉は、初女さん自身の決意によっていつもとは違う眠りに入った。

クルクルと良く働き、母からも頼りにされ、怠けないこと、よく動くこと、手仕事を奨励されて成長した長女は、しかし水と油のように意見が合わず衝突の多かった両親の姿から、自分はきっと穏やかで平穏な家庭を築く主婦になってみせるという、強い想いを胸に成長した。しかし思いとは裏腹に、初女さんは父の事業が失敗して函館に転居し、せっかくの思いで入学した女学校を中途で退学せねばならぬほどの病に冒されてしまう。好転したと思えば後退し、快方へ向かうかと思えば暗転する病は、十七歳の少女の日からなんと十七年間にもおよんだ。

五歳でキリスト教に出会ってから、テレジアという名をいただきクリスチャンとして出発するまで三十年余。しかしキリスト者になったのは、「決断」でもなかったという。自分の中で自然に決まっていたようなこと。それから始まった本格的な奉仕の人生は六十年を超えた。

わたしの空

初女さんは、どうしても海について書き残しておきたいという。

とてつもない広さと深さ、複雑で多様な生命を抱く、計り知れないほど豊かな海。初女さんは、生涯、海を原郷として過ごしたが、ふと、同じ海辺の街に生まれながら、やはりわたしにとって海は遠く、むしろ圧倒的に空、さまざまな季節のさまざまな表情の空、あるいは樹木の葉影をとおしてみる日常の空の方に、より深い愛着があることに気づいた。

二〇一四年の晩秋から二〇一六年の初春まで、およそ一年を取材にこと寄せて何度も弘前に初女さんを訪ねたが、よほどのときをのぞいては空の旅であった。

ある時、観光シーズンとかちあってとうとう飛行機のチケットを入手できず、急遽、陸路、新幹線を使っての訪問となった。約束の時間にはとうてい間に合いそうもなく、じりじりとすぎる時間に冷や汗をかきながら遅刻してようやく〈イスキア〉に到着すると、着くなりスタッフから取材時間の制限と、いとまの時間厳守を伝えられた。

初女さんの高齢と体調を慮《おもんぱか》ってのことだったのかもしれない。しかしかつては多くの人がもっとラフに行き来し、日が落ちれば二階屋にそのまま泊まる客もあった。なにより初女さん自身が、

「朴さん、ホテルとったの？　とらないで布団ここにあるんだから、泊まっていけばいいのに……」

と寂しそうに、かならずおっしゃる。外交辞令の言葉ではなく、心からの言葉であることが染みてくる。初女さんは、形式ばったインタヴューより、おしゃべりをし親密に過ごして、ぽっと出てくる意外なことこそおもしろく貴重であるという。

いつも夕食を終えてホテルに引き上げようとすると、決まって、

「泊まっていけば？」

というのである。

私はスタッフ方の負担を慮りながらも、二回に一度は初女さんと同じ屋根の下に泊めていただいた。

大家族の中で生まれ育ち、生きてきた初女さんである。最晩年になってからの、スタッ

フが帰った後の夕刻からの一人の夜は、「人好き」の初女さんにとっては、どうであったろう。しかし、初女さんを支えるスタッフも八十代、七十代、六十代で、それぞれにはそれぞれの私生活がある。独りの夜は、かつて落ちた油川、「青年の船」の夜の甲板で経験した独りぼっちの静寂を想い起こさせていたかも知れない。あるいは人生を。

流行して定着した『おひとりさまの老後』という言葉も、経済や福祉、社会的サポートの問題としてだけ捉えるのではなく、生きとし生けるものとしての「情」、人の息づかいという「いのち」、精神の問題として考えるべきものである。人の晩年は一人であるべきではないとわたしは思う。人のいのちは、他者のいのちと向きあい、息づかいと触れ合わなければ生きていけないものである。

初女さんの作る食事は、単なる栄養価や数値ではない。具体的な誰かを想って、その人のために作るという、想いのこもった心の栄養にほかならない。だからこそ初女さんは「形式的に準備された食事」をなにより悲しむ。それなら、たった一粒の梅干しの方がよい、一切れのパンを大勢で分けて食べる方がよい、そう考える人である。しかしいつからか、〈イスキア〉は気安くは訪れることが難しくなり、救いを求めて一刻を争うような電話をかけてくる人びとに対しても、スケジュール表を眺めて「無理だ」と対応せざるをえないような状況になっていった。初女さんはそれに心底、心を痛め嘆いた。

訪れる人は誰に限らず迎え入れ、たとえわずかなものであっても分かち合うことを実践したいと開いた〈イスキア〉なのである。現状への初女さんの失望は大きく、「早くさっぱりしたい」というのが、取材の旅に訪れるわたしへも繰り返し語られるようになっていった。

初女さんとターシャ・チューダー

「座右の銘は、ジョージ・バーナード・ショーの言葉『人は自分がおかれている立場を、すぐ状況のせいにするけれど、この世で成功するのは、立ち上がって自分の望む状況を探しにいく人、見つからなかったら創りだす人である』」

「わたしには怖いものがありません。死さえ、怖いとは思いません。どんな経験か、楽しみじゃありませんか。つまり、人生に悔いがないということなのです」

「レシピノートは、いつもテーブルか調理台の上に出ています。でもそれを見ながら料理をすることは、めったにありません。好きな料理は全部暗記しているし、味は舌で見る

ので、計量スプーンを使うこともありません」（ターシャ・チューダー）

わたしはふと、そのころ集中して読み返していたターシャ・チューダーのことを想った。初女さんにご存知かと問うと、「テレビで見ました」という。

二〇〇八年に九十二歳で没したターシャは、アメリカ、バーモント州の広大な庭での自然体の生き方が、多くの人に支持され憧憬された女性で、彼女の描く絵や子どもの絵本は大変な人気を誇った。

ターシャは仕事によって得たもので広大な土地を手に入れ、石ころ一つ一つを動かすところから自力で土地を耕し、自分のための庭を拡げて創った。そうして日々を自然のゆったりとしたサイクルとともに生きるという独自の世界観を開き生涯を全うして、世界の多くの人に多大な影響を及ぼした。

ターシャ・チューダーと初女さんは、その生きる姿勢に重なる部分が多い。ともに自然を愛してゆったりと時間を使うことを心がけ、女性としての「宿命―仕事」をおおいに楽しみ、手仕事を尊んでよく働き、自分に正直に素朴に生きた。初女さんもテレビに紹介されたターシャの暮らしを見たという。しかしターシャが最晩年の日まで大いなる満足の中に自分らしく生きられたのに比べ、初女さんはどうだっただろう。

決定的な違いは、初女さんが生涯を神の子として生きようとしたのに対して、ターシャは神を信じなかったことである。初女さんは一人子を失ったが、夫と離婚したターシャのもとには四人の子が残り、ターシャは子どもを育てる生活の糧のために、絵を書いて働いた。

晩年、ターシャの日常の世界には長男夫婦と孫夫婦がターシャの愛した広大な庭の一角にともにあって一人暮らしを基本とするターシャを支え、意志を受け継いで土を耕し、花を育てた。毎日、夕刻の四時から始まる規則正しい家族とのお茶の時間の会話は、ターシャにとってかけがえのない一日の中のイベントであったと、ターシャ自身が語っている。

子どもの頃に両親が離婚したターシャは、親戚との温かな生活を経ながらも自ら十五歳で独り暮らしを始める。その独立の折に、生きている大きな牛一頭をプレゼントされて嬉々としているターシャの写真が印象深い。その後のターシャの結婚は心ならずも破綻し離婚を経験するが、初女さんは「主婦」に憧れて結婚し、子がある夫婦は離婚をしてはならないと人にも諭す。大家族の家の長女としてつねに母の相談役になり、妹弟たちを気づかう姉の立場で育った。

その土地から採れる野菜や果物が、その土地の養分を十全に吸い取って花となり実を結ぶように、佐藤初女（旧姓、神初女）という人もまた日本の東北の、大正から昭和の空気を吸って生きたのであり、生涯のほとんどを雪深い津軽で暮らしてきた日本の女性である。ターシャもまた家族を愛し、人生のほとんどを外出もせずに家事を楽しみ、いそしんだ女性であるが、凛然として他者に依存せず、自分独りの意志を生活に具現したという意味では、いかにも個人主義の発達した欧米文化の女性である。ターシャは徹底して自然の動物や草木の命の中に生き、初女さんは人のいのちと共に生きた。

長寿で自己を実現しながら同時代を生きた二人の女性のあり方は興味深い。ともにスケールは大きく、自立心旺盛でよく働き、自分の世界で妥協することなく多くの人に夢を与えたという点では似ていたが、アメリカの土壌と日本の津軽の土がまったく異質であるように、人びとに多大な影響を与え老女となった希有な二人の最晩年は、やはりかなり異質である。

口

民放の朝の番組（二〇一五年九月、フジテレビ系「とくダネ！」）で、ある日、日本一「他人の作ったおにぎりに日本一抵抗感を持つ県、持たない県」という調査報告をしていた。抵抗を持たない県の筆頭は、外国人に対してもすこぶるフレンドリーな静岡県で、一方、他人の作ったおにぎりに強い抵抗感を示し、コンビニエンス・ストアでも、最もおにぎりが売れないのは青森県だという。

わたしは『おむすびの祈り』という著書もあり、日本中で「おむすび」講習会を開くほどの初女さんがいる青森でなんと皮肉なことと、故郷・青森を複雑に想った。他人の握ったおにぎりに抵抗するということは、身内＝家族の作ったおにぎりなら、受け入れるということだろうか。

「口にいれる」ということのハードルは高く、〈イスキア〉に初女さんに会いにきながら、そのおむすびでさえ口にすることができないという少女もいたという。他人の手が直接に触れた食べ物が気持ち悪く、誰が握ったのか判らないおにぎりはなおさら食べられない。

目の前にいる初女さんが握ったおむすびにさえ躊躇するというのである。

心傷つき悩みを抱える多くの人にとって、「現在（いま）」は辛い。過去でもなく、これからの未来でもなく、いま。ことに物心つくかつかないかのうちから、無意識のうちに苦しみの中に生きなければならなかった人にとって、空想の超自我の世界へ飛ぶことは「逃避」にはなっても、地に足のついた現実を生きていくためには危うい。しっかりと生きるという何よりの一歩こそ、まずは「しっかりと噛んで味わい食べる」ということなのである。

誰がつくったか判らない「食べもの」より、自分のために心をこめて作られた「食・食膳」を口にするという嬉しさ、歓びなら、なお良い。

初女さんが米の研ぎ方からはじまる原初的な「おむすび講習」にこだわるのは、その作るプロセスを通じて、作る側に「優しくなる」という嬉しさを経験してもらい、対する相手との関係を温かいものにするという実感をもってもらいたかったからである。

料理には深い意味がある。しかもそれが、清らかな水と空気からなる大地の恵み、温かな日の光をたっぷりと吸収した新鮮な季節のいのちを心して調理したものなら、なおさらである。

初女さんは観念ではなかなか伝わらないそれら全てを、自ら実践して行動で示すということに、いのちを賭けた人である。だからこそ初女さんは、誰がなんといおうとも、心と肉体のいのちを同時に生かしてゆく「食」こそがいのちの基本と、確信をもって言い続けた。

初女さんのところへ悩みを抱えてやってきた人は、緊張しこわばって初めは言葉も出ない。しかし茶を飲み菓子を食べ、まずは食事をと初女さんが用意した食事を一緒にいただく。やがてぽつりぽつりと話しだした頃には人心地がつき、心が開きだしている。その間、初女さんは分析も批判も説教じみたこともいっさいせず、ただただ相手の話に耳を傾ける。

「いま」を生きることのできない人たちにひたすら寄り添って、怖がらなくてもわたしがともにいる、と行動で示すのである。しかも、答えはわたしではなくあなた自身の中にあると、心から信じることで相手を力づけながら。他者の哀しみを理解し寄り添うために、自分にも哀しみや苦労が多くあったことは幸いであったと初女さんはいうが、多くの人には到底まねのできない境地である。

食べるという本能

わたしにも生きていたくないと思う日々があった。死なずにすんだのは、初女さんと同じようにわたしは無類の食いしん坊であって、身体の芯が「美味しいものを食べる」という歓びを覚えているからである。その根っからの身体の本能が、目の前の食事を受け付けなくなることで、初めてわたしはわたし自身が逃避し、「見たくない、見ることが怖くてできない」現実に気づかされることになった。毎日の食事は砂を嚙むようで、喉を越していかなかった。

嘘をつく意識、しかし肉体は嘘がつけない。このときほどわが肉体を愛おしく有難く感じたことはない。体裁を繕い虚構を生きようとする頭に、正直で素直な肉体が異議申し立てをし、抗って症状になるのである。ここでも「素直」になって身体の声を聴くことが大切である。虚構を捨てさり、素直に落ちるところまで落ちて目を覚まし、苦しみに対峙させよと、肉体が叫び鼓舞しているのである。

少女の頃、家の経済が破綻し自宅まで手放さざるを得なくなった状況の中で長女の初女さんは肺浸潤を患い喀血したと聴いたが、わたしがまだ幼い頃、我が家でも父が事業に失敗して青森市内にあった家を手放した後、南津軽郡の川部というところに転居してから大喀血を起こしたのは、そのようなこともあったのではと、今回の取材をとおして思い当たった。父の病を受けて我が家では北朝鮮への帰国も話題にのぼったというが、観念主義の父に反対して阻止したのは、十三歳年下で普段は父に逆らうこともなかった母（オモニ）であった。

母は系統的な教育の恩恵にいっさい与《あずか》らなかった人だが、日本でさえこれほど貧しいのに、植民地から解放されたばかりの北朝鮮が「楽園」であるはずがないと主張したという。そのうえ、朝鮮半島の南（韓国）の出身である自分たちが北に帰国するというのは、九州出身者がいきなり北海道に行くようなことだと躊躇したと聞いた。母の本能的な生活者としての感覚が、いまわたしたちを豊かな日本での暮らしに浴させている。沽券や思想という観念的なものを大事にしがちな男性と違って、女性はまずは本能的に家族の食に想いをいたすのではないか。水は？　お湯は？　野菜はあるか、米は十分か、と。

日本で生まれ育ちながら思春期にはすっかり民族主義者に成長したわたしが、「異国」の日本に見切りをつけて「韓国に帰ろう」というと、オモニは即座に「嫌だ」といいきった。「権力」はどこも皆、同じだというのである。「お前が帰るなら、ちょうどいい、わたしは遊びに訪ねる」と。

父は最期まで弘前公園の桜を愛し、母は奥入瀬の紅葉を無類に愛した。二人とも家庭の中では朝鮮語が多かったが、外で話す日本語はどっぷりの津軽弁であった。

母方の親族は合理的な現実主義者が多く、ビジネスで成功した後は貯えを持ってカナダや北朝鮮に居を移した。日本のような差別がきつく排他的な国では、長くいても甲斐がないというのが理由であったと聞いた。その伯父一家の息子が初女さんのご子息である芳信さんと親友なのであった。今も繁くカナダから日本に訪れ、その子どもたちも津軽に何年間か滞在した。初女さんが、彼らをいつでも実家に迎えるように温かく包んでいたのは、いうまでもない。

故郷というのは土地であろうか、人であろうか、記憶であろうか。

わが母は「どの人にとっても、土地を離れるというのはよほどのことである」と、熱血の娘に現実を諭した。人にとって「土地」というのは、いのちそのものといえるほど絶対的である。いずれにせよ、だからこそ逆に、故郷を忘れたい者あり、希薄な者あり、強く愛し希求する者がいる。

外なる日本、内なる日本

取材もいよいよ終わりに近づいた、二〇一五年九月二十八日の伊丹発青森行きのフライトは急な旅となり、秋の行楽と重なった満席で直行便の席がとれなかった。

わたしはとりあえず東京に飛び、そこから新幹線で弘前に入った。紅葉にはまだいくぶん早いものの、季節が秋の旅行シーズンに入っていることを、わたしはすっかり失念していた。普段は鄙《ひな》の地を目指す機は空席が多く、予約をせずとも楽にチケットが取れることに慣れきって安心していたが、西日本の人たちにも東北の秋は格別の魅力らしく、朝一番の便から夕方の最終便までが全て満席であった。

朝、自宅を出てから目的地の弘前につくまでざっと八時間半。普段の二倍の時間がゆうにすぎている。約束の時間に遅れる焦燥にかられながらも、距離に対しての所要時間としては妥当な時間と思えた。わたしが子どもの頃には弘前から東京から上野まででも、夜の寝台列車に揺られて十二時間はかかったのだ。

聡明な人間なら帰路の推測を速やかに立てるべきところが、わたしは生来の粗忽者である。帰りの便は逆に夕方便の満席を予想すべきを怠って、取材の後は旅人のように久方ぶりの故郷と旧友との交友をのんびり楽しもうとし、親切な友に再びの満席を教えられて慌て、急遽、仕事を終えるやいなや空席の残る真昼の便に乗った。

このいつもの、ANAボンバルディアDHC8―Q400での旅は、実はわたしの隠れた気に入りで、約二時間余りという飛行時間とその間のサービスがほどよく、機上からの風景もこの上なく美しい。

ジャンボ機でのような気取った緊張を伴わぬ、いわば地元のローカル線のような趣のためか、写真を撮ったり機内誌を読んだりのあれこれも乗務員の空気もなんとなく和やかで、いつも気持ちが旅の余韻のほどよい弛緩の中にある。その機内誌上で出会ったのが、現代美術家オン・カワラ（河原温）であり、オン・カワラを書いた福岡伸一氏であった。エキサイティング！と、わたしは一読して小さく叫んでいた。どんな時も優れた才能に出会うのは、胸がドキドキする喜びであり幸せである。

気鋭の生物学者である福岡氏は、トランス（境界を越えた別の領域、あちら側）とシス（境界線の内側、こちら側）という言葉をもって、アメリカにおいては岡本太郎や東山魁夷《かいい》よりも有名だというオン・カワラを紹介していた。

芸術家、オン・カワラは日本の愛知県刈谷市に生まれ、生年と没年ははっきりしているが、一九六六年以降は一切メディアに顔をさらさず作品をも語らず、私生活は謎に包まれたままだという。トランス・ジャパン（外なる日本）とシス・ジャパン（内なる日本）。日本に生まれ、日本に育ち、日本語を母語として生きながらも別の世界性を獲得して生きるカワラは、シス・ナショナル（国境を越えた世界を、丸ごと自分のものとする）でありながら、トランス・ナショナル（国境を越えるからこそ、どこにも属さない）を生きる一群の人びとの中の一人である。

オン・カワラの魅力もさることながら、そして福岡伸一氏の才能への感嘆もさることながら、わたしがいまこのことに触れているのは、たったいま別れたばかりで胸に残っている初女さんの言葉が、これに重なっているからである。

敬虔なキリスト者というばかりでなく、稀有な社会福祉活動家、教育者として佐藤初女を慕う人は多く、優れた編集者による出版物も多い。初女さんがコリアンのわたしにこそ書く意味があるといって、最晩年の自身について書くことを拙なるわたしに許してくれたのは、初女さんの幼い日に溯る、沖館で感じていた光景への贖罪の気持ちが大きいと思う。

「原（荘介）さんのギター・コンサートのときの藤原書店の社長さんとの交流を受けて、今までのような関係（日韓・日朝）ではなく、みんながこうして陰になって、それぞれに応援してるんだと感じて嬉しかったの。わたしも何かできる時があったら何かしたいって思いましたね。あのときの朴さんの司会も、とってもよかった」

原稿もなしの司会であったので、何をどう話したかは既に記憶にないが、おそらく民族や国境を越えて生まれ育った土地の大切さ、魂で出会うことの大切さをいったのだと思う。日本と韓国、朝鮮を繋ぎたいというのは、かねてからの初女さんの想いでもあった。

「自分にできることは何かな、と考えたときに、できることはとっても少ない。でも自分にしかできないこともあるでしょうから、青森で生まれ育った私が初女先生と出会って創る本は、意味ある新しいものにしたいですね」というと、

「そんだ、田舎のね、隠れたところから。朴さん、津軽がふるさとで良かったね」

と、初女さんの温かな声が返ってきた。

人間として憤る

いま、佐藤初女さんと同郷であることをあまりに強調しすぎることは、その他の人たちにとっては充分な「排他」になっていることを、わたしは意識している。

初女さんと同じ青森に在日コリアン二世として生を受けたわたし自身は、普段はあまり意識していないが、生まれながらにしてシス・ジャパンであり、トランス・ジャパンであろう。六十年間を日本で生きてきたコリアンのわたしは、福岡氏のいうように日本の美意識と日本の文化に対して、いまやまったきシス（内）の側にある。

「同じ風景を見て美しいと感じ、同じ文物を愛で、同じご馳走を食べておいしいと感じて」いる。

〈イスキア〉で初女さんが供してくれる食事は、昔、一世のわがオモニが青森で作ってくれたなつかしい食事を想い出させる。茹でた菊、山から採ってきた山菜、塩の強い梅干し、烏賊《いか》と昆布で作った津軽漬け。言葉も分からず日本に渡ってきたオモニは、少しずつ地元・東北ならではの料理を学び、食卓に用意してくれた。

しかしわたしは父母を通して決して朝鮮の故郷を忘れず、その言葉を愛し、愚かさを含めて、自分自身の中にかい間みえる朝鮮民族のＤＮＡを、愛おしく受けとめている。食卓の大部分を占めていた朝鮮料理の味をなつかしみ、かつても現在も、日本国によって不当にもことあるごとに味わわされる屈辱への怒りをも、消さぬよう胸に灯し続けている。消してしまえば日本は歓び、わたしの日本での生活はいっそうスムーズになるだろう。しかし今、そうしてしまえばもはやわたしはまともな人間ではなくなり、初女さんの魂と出会うことは決してなかったと思う。

わたしが理不尽さに負けないのは日本人への憤りではなく、「日本国」の権力の一部に執拗にはびこり、国策としてわたしに向けられる「屈辱」への憤りであり、下卑た精神への普遍的な怒りに他ならない。

わたしが敬愛してやまなかった故・岡部伊都子さんは「怒りがあるうちは自分は人間である」と繰り返し書いた。そして自分は戦争の被害者ではあったが、アジアの国々に対しては非情な加害者であったと、生涯を通じて訴え続けた。

わたしはまっとうな人間でありたいがために怒りを保ち続ける。それがどのように作用してわたし自身を苦しめ、あるいは救いになるかはわからないとしても。

福岡氏はオン・カワラの世界性におけるキィ・ワードを一つあげれば、それは「記憶」ではないかという。

二〇一五年の初夏から初秋にかけての四ヶ月間は、日本国にとって都合の悪い歴史を修正してしまおうという「日本会議」のメンバーである安倍首相が、自公連立内閣を率いて持論である明治維新以来の「富国強兵」を強行し、それに少なからぬ国民が抗って闘った熱い夏であった。そこでは為政者・権力者・侵略者・加害者の意図が、された側・被害者・弱者の記憶を削除し歪曲し、上書きすることも当たり前であった。歴史を、権力が強者の視点だけで書き変えることが。

福岡氏はオン・カワラの作品には、二十世紀から二十一世紀にかけて世界が経験した共通の記憶と、個人が経験した私的な記憶が刻みつけられていると説明する。世界と個人の関係性と連続性は、ちっぽけな個人の感傷を慰撫し相対化していくと。

「部分の中に全体が内包される。これは生命＝生きていることの類いまれなる隠喩である」と、福岡氏は結んでいるが、これは故・加藤周一の言でもあった。部分の中に全体が内包されるということ。

かつて加藤さんは、瓢簞の小さな空間の中で酒瓶を掲げ機嫌良く泥酔する男が描かれた富岡鉄斎の絵を示して、わたしにそれを教えてくれた。たとえ小さくとも「そこ」に世界がないならば、もはや世界はどこにもない。世界はそこにある、その中に世界はすべてあると。

初女さんはコリアンのわたしを尊重しながらも、「貴女はもう日本人だ」とわたしにいう。初女さんにいわれて胸が衝かれたのは、生涯を津軽で生きた初女さんもまたシス・ジャパンでありながら、トランス・ジャパンの人であり、わたし自身もまたむろんトランス・ジャパンでありながら、自らの中に長年否定してきたシス・ジャパンを認めざるを得なくなっているからだろう。いや何よりその一言は、魂で出会った初女さんのことばだからである。以前、友人に同じことをいわれたときも、初女さんのことばにも、わたしの心はむしろ抱かれたように温められた。それは言葉ではない。言葉を超越して噴き出した「真心」が伝わってきたからであった。わたしたちは違っていても、まず人として魂が出会ったのだと。既にして、二人ともにシス・ナショナルであり、トランス・ナショナルなのだと。

わたしが綴る初女さんとの物語は図らずもこのことではなかったかと、啓示をうけたように福岡伸一氏の文章に嘆息し思わず雑誌から目をあげると、視界に飛びこんできたのはミニチュアのように眼下にひろがる、わたしが生まれて育った日本の美しい風景であり、なつかしい津軽の大地であった。

『瓢中快適図』
富岡鉄斎 88 歳、1923 年作

あとがき

告別

二〇一六年二月一日、佐藤初女さんは命を閉じた。

前日の九時すぎに、いつもご家族と交替で夜を付き添っていた伊藤由香さんが苦しそうな息に気づき、「先生、病院に行きますか」とたずねると、うなずいたという。そうしておよそ五時間後、初女さんは命の最後の一滴までを丁寧に生ききって、九十四歳の人生を静かに終えた。食事は亡くなる三、四日前まで少量ではあるが普通食を摂り、トイレには十日前までご自分の脚で行かれていたという。

わたしは一昨年の二〇一四年十一月からほぼ一年にわたって四季おりおりに〈イスキア〉

に伺い、取材と称してともに過ごさせていただいた。最後にお見舞いしたのは、新年の一月十三日の夕である。

十一月に脱稿した原稿を持って十二月に弘前に伺い、自力で全部を読み通すのは難しそうな先生に、全文を読み上げる形で聞いていただいた。先生はきちんと椅子に座って耳を傾け、ところどころ「今のは？」と確認を差しはさまれた。そして全部を聞き終えると、ちょっと褒め過ぎと照れながらも、

「ありがとうございます。そのとおりといえば傲慢だけどね、嘘はないし、わたし以上によく書いてくれました」と心から嬉しそうであった。勝手な憶測や、嘘、美辞麗句の本にはしたくなかったので、わたしはどうにか間に合った、と安心した。しかしその後、初女さんは急速に体調を崩された。

年が改まって正月にお訪ねしたときにはすでに精気がなく、ちょうど一年前の三月に倒れられたときと同じように病臥しておられた。枕元に参じて、「先生、原稿はもう出版社に送りましたけど、まだ間に合いますから書き足しておきたいことや、いっておきたいことがあればおっしゃって下さい」と伝えると「ある、視線」との即答であった。その時、枕元でメモした言葉が、冒頭のまえがきとなった。しぼり出すような声であるのに、前か

ら考えておられたように、しっかりとした言葉であった。きけば三日後の十六日からは、旧知の方に誘われてお気に入りの湯段温泉、アソベの森・いわき荘に泊まりに行くという。この状態で?とわたしは危ぶんだが、止めて予定を変える初女さんではない。むしろ最期の最後までしたいことをするのが初女さんらしくエネルギーになる。しかしわたしは先生にお会いできるのは、これが最後になるのではないかと思った。

「もう、帰ります」とご挨拶すると、「ご飯食べていかない?」というのが、私が聞いた先生の最後の言葉になった。

初女さんのご遺体は津軽の風習にのっとって、通夜の前の四日に火葬にふされ、五日に通夜、葬儀は六日に長年通われた弘前カトリック教会で執り行われた。喪主は孫の信平さん。陣頭指揮はスタッフとして長年、姉を支えてきた弟の神三男さんが行い、地元の和菜会、公私にわたって初女さんに寄りそってきた〈小さな森・東京〉の吉田俊雄・紀美子夫妻、〈雪のイスキア〉の畑野弘子さん、大阪の片岡珠恵さんなど全国から駆けつけた人びとが力を合わせて献身し、初女さんを見送った。

2016年2月6日、カトリック弘前教会で行われた葬儀の祭壇

回葬者には初女さんと交流の深かった、弘前で四百年の歴史を誇る「大阪屋」の羊かんと、「藩士の珈琲」で知られる「成田専蔵珈琲」が配られた。いかにも客人をくつろがせるために気を配った、初女さんにふさわしい「口福」の組み合わせであった。

まなざし

わたしは弱く、よっていつも「きれいごと」に逃避しながら生きてきました。現実に辛いことがあるといつも空を見上げて。そうすると、足元がいかに塵芥にまみれていようとも、きれいな理想を信じて、どうにか生き延びることができました。きれいごとの最たるものは宗教でしょう。ふと、周囲には岩木山のように揺らがない、泰然とした強い人と想われてきた人間・佐藤初女さんが抱え克服しようとしたはずの、「弱さや葛藤」を想像してみました。

初女さんは、人前では決して見せたくない涙や哀しみ、不安や苦しみを、たった独り、神様を信じ、対話し、繋がることで乗り越えようと決心をした強い人です。そうして宗教家であるからこそ、この世の累々たる死、犠牲になった血を吸い込んだ大地、悲憤に泣く足下をしっかりと見つめて歩く勇気を自らに課した人です。それは、神が初女さんに与えた能力であり、使命であったように思えます。

わたしが書く上で師と仰いだ故・岡部伊都子さんは、しばしば羽虫の命に言及しました。灯火のもと、原稿用紙の上を動く小さな羽虫。わたしも羽虫を見るたびに、一ミリにもみたない小さな小さな存在の中に心臓もあれば排泄機能もある、命がある、しかし一体お前は、何のために生まれてきて、一体何のために生きているのかと想いを馳せていました。けれどよく考えてみれば人間も同じです。生命は一体、何のために生まれ、何のために生きるのか。いのちの不思議。それはもう神の領域のことです。きっと「精一杯、愉しく生きよ」と生まれてくるのです。

生きていく上で「食」は欠かせません。さらに人は嬉しいにつけ悲しいにつけ集まって会食をします。初女さんは「食事はいのちのわかちあい」といいきります。わたしも人生の目的、幸せは、「笑いながら美味しく食事ができること」といいきって過言ではないと思います。相手に対する愛情も、自らの体調も、状況への判断も、すべて「食事」で測ることができます。

佐藤初女さんの素朴な力、根源的な大きさ深さは、当たり前のそのことに多くの人びとの意識を導き、訴えたことにつきます。大地からの恵みの新鮮ないのちを、感謝でもってわかちあいましょうと、初女さんは観念ではなく自ら心をこめて料理をしました。食事をわかちあうという行為で、身をもって誰をも区別せずに迎え入れてきました。思い起こせば、弘前でお会いするとき、先生はたいていいつもエプロン姿でした。

「お母さーん、ただいま！　今日のご飯はなぁに？」と、帰ってくる家族をニッコリと温かく迎える。なるほど、そうかと思い当たりました。初女さんが生涯をかけてしたかったことは神様が「母性」に与えたたったこれだけの、誰にでもできそうなことでした。しかしそのささやかな日常の尊さに気づけぬ人は多く、その「尊い仕事」こそが難しくなっています。だから初女さんは率先して範を示していたのでした。いつもエプロン姿で。

初女さんの〝人に寄りそう〟は、生やさしいものではありませんでした。〝徹底的に人生をかけて〟でした。自分の目の前で生きることに呻吟する人の姿は、かつて海に落ちて、独り死に直面し、しかし本能的に生きようとして救いを求め、もがきあがいて手足をバタバタさせ、藁のようなものにさえすがろうとしたご自身の経験に、そのままピッタリと重なっていたのではないかと想像しています。

今年、わたしは還暦を迎えます。東洋でいえばワンクールの人生を終え新しく生まれ変わるという区切りの歳に、図らずも同じ津軽に生まれた母のような年齢の初女さんから導かれるようにしてこの本を上梓できることは、無上の歓びであり重い贈物のようでもあります。まえがきの初女さんの言葉を読んで、わたしは画竜点睛のようにこの本に付与された意味が腑に落ちました。

九十年近くも前に初女さんが感じとり心痛めた朝鮮人（韓国人）への視線の冷たさ。それは現在もまだあります。しかしそれだけではない。ここで生まれ生きてきたわたしには、佐藤先生を初めとしてどれほど多くの温かなまなざしが注がれていたかを、今一度、想い起こしています。それなしには生きてこれなかった。

「大切な人が亡くなった時、まだ生き続けなければならない私達は、その人が望んだように生き続けること」というのは初女さんの遺した言葉です。

不思議なめぐり合わせに関与して下さったすべての人に感謝します。わけても藤原書店・藤原良雄社長の発心と、随時、取材のために全面的な便宜をはかってくれた金響奈さんの協力なしにはこの本は生まれえませんでした。改めて心からのお礼を申し上げます。

また、いつも車を出して取材の脚となって下さった川崎瑠美子さん、美味しい料理を用意して迎えて下さった福岡かつさんをはじめとする〈イスキア〉のスタッフのみなさんに、心から感謝いたします。

煩雑な編集に辛抱強くつき合い、的確な配慮と励ましをいただいた編集の山﨑優子さん、本当にお世話になりました。ありがとうございます。

佐藤先生との出会いの発端をひらいてくれた小学校からの親友・櫛引康子さんとそのご家族、いつも明るく先生に寄り添い、わたしの仕事をも気持ちよくサポートして下さった伊藤由香さん、執筆を温かく見守ってくれたわたしの家族にも、心からの感謝を捧げます。

最後に初女先生、本当にありがとうございました。

「負けてられないよ」との先生の声が、いまも凛々と胸に響いています。

二〇一六年　四月

朴才暎

佐藤初女　年譜（一九二一～二〇一六）

年	年齢	佐藤初女の歩み	日韓関係ほか歴史事項
一九二一（大正十）	0歳	十月三日、神貞範とトキの長女として青森県青森市安方に生まれる（神初女）	11月、海軍軍縮と極東問題の為のワシントン会議
一九二八（昭和三）	7歳	小学校に入学	6月、張作霖爆殺事件
一九三五（昭和十）	14歳	父の事業が失敗し、一家で函館に転居（前年に函館大火があった）。北海道庁立函館高等女学校（現函館西高校）に入学	2月、天皇機関説事件の始まり
一九三八（昭和十三）	17歳	結核のため函館高女を中退、青森に戻り静養。青森技芸学院（現青森明の星高校）に入学（第一期生）	4月、国家総動員法公布
一九四一（昭和十六）	20歳	青森技芸学院を卒業、莨町小学校教諭となる	12月、真珠湾攻撃
一九四四（昭和十九）	23歳	五月、勤務先の小学校校長であった佐藤又一と結婚、夫とともに退職して弘前に移る	10月、レイテ沖海戦で海軍連合艦隊の主力を失う
一九四五（昭和二十）	24歳	青森大空襲で被災	8月、日本が敗戦。植民地だった朝鮮半島の解放

一九四八（昭和二十三）	27歳	長男・芳信を出産	8月、大韓民国樹立 9月、朝鮮民主主義人民共和国樹立
一九五三（昭和二十八）	32歳	ろうけつ染めを習いはじめる	7月、一九五〇年に勃発した朝鮮戦争の休戦協定
一九五四（昭和二十九）	33歳	弘前カトリック教会にて受洗	3月、第五福竜丸がビキニ環礁で被爆
一九六二（昭和三十七）	41歳	青森明の星高等学校同窓会会長をつとめる（～二〇〇九年）	10月、キューバ危機
一九六四（昭和三十九）	43歳	弘前学院短期大学非常勤講師（家庭科）をつとめる（～一九七九年）	8月、トンキン湾事件 10月、東京オリンピック
一九六五（昭和四十）	44歳		6月、日韓国交正常化
一九七九（昭和五十四）	58歳	ろうけつ染めの弘前染色工房を主宰	10月、韓国で朴正熙大統領が刺殺される
一九八三（昭和五十八）	62歳	自宅を二階建にして開放し、〈弘前イスキア〉として開設	9月、ソ連による大韓航空機撃墜事件
一九八八（昭和六十三）	67歳		9月、ソウル・オリンピック
一九八九（平成元）	68歳	社会福祉法人 藤聖母弘前大清水ホーム後援会会長をつとめる。日本善行会賞を受賞	6月、天安門事件
一九九〇（平成二）	69歳		10月、東西ドイツ統一

一九九一（平成三）	70歳		12月、ソ連邦崩壊
一九九二（平成四）	71歳	岩木山麓に〈森のイスキア〉を開設	5月、在日韓国・朝鮮人の指紋押捺制度を廃止 10月、日本軍慰安婦被害者の「ナヌムの家」開設
一九九三（平成五）	72歳	米コネチカット州のレジナ・ラウデス修道院より「鐘」（一八一〇年鋳造）を贈られる。ミキ女性大賞、国際ソロプチミスト女性ボランティア賞、弘前シルバー卍賞をそれぞれ受賞	1月、チェコとスロバキアが連邦解消 11月、欧州連合（EU）発足
一九九四（平成六）	73歳	「鐘」の祝別式	7月、金日成北朝鮮主席が死去
一九九五（平成七）	74歳	龍村仁監督映画『地球交響曲　ガイア・シンフォニー　第二番』に出演。第四八回東奥賞、アメリカ国際ソロプチミスト協会賞をそれぞれ受賞	1月、阪神・淡路大震災 3月、地下鉄サリン事件
一九九七（平成九）	76歳	最初の本『おむすびの祈り』（PHP研究所）を出版。宮城県の「青年の船」に乗り、仙台から津軽海峡をへてウラジオストック、釜山をへて仙台に戻る船の旅を経験	12月、韓国で金大中が大統領に当選
一九九八（平成十）	77歳	〈森のイスキア〉命名の由来の地であるイタリア・イスキア島を訪問。「弘前暖簾の会」開設と同時に顧問をつとめる	10月、金大中大統領が日本訪問、日韓共同宣言
一九九九（平成十一）	78歳	バングラデシュを訪問（以後、同国を四回訪問）	1月、欧州でユーロが通貨として導入される
二〇〇一（平成十三）	80歳		9月、アメリカで同時多発テロ事件

二〇〇二（平成十四）	81歳	NHK青森文化講座の講師をつとめる。〈森のイスキア〉十周年記念式典。イスキア島を再訪。NHK「こころの時代」に出演。長男・芳信が逝去	5月、日韓共催でサッカー・ワールドカップ大会
二〇〇三（平成十五）	82歳	「鐘」の御礼のため、米レジナ・ラウデス修道院を訪問	4月、韓国ドラマ「冬のソナタ」の日本での放送開始、韓流ブーム始まる
二〇〇四（平成十六）	83歳	〈雪のイスキア〉命名。ガールスカウト日本連盟顧問に就任。日米交流百五十周年でアメリカを横断（ロサンジェルス、サンフランシスコ、ニューヨーク）	5月、小泉首相が北朝鮮を訪問。拉致被害者五名が帰国
二〇〇五（平成十七）	84歳	『北海道新聞』に「『食』歳時記――心むすんで」を一年間連載（計十二回）。〈森のイスキア〉の敷地内に「小さな森」修景完成の祝別式。米レジナ・ラウデス修道院の院長・副院長が来訪	3月、島根県議会で「竹島の日」条例が成立、盧武鉉大統領が「対日四大基調」を発表
二〇〇六（平成十八）	85歳	シンガポールを訪問	12月、「在日特権を許さない市民の会」結成
二〇〇七（平成十九）	86歳	奈良で行われた「ユーラシア出会いのコンサート in 薬師寺」を訪れて挨拶	米でサブプライムローンが問題化
二〇〇八（平成二十）	87歳	ハワイを訪問。「佐藤初女さんと一緒に in 支笏湖」開催。NHKで「初女さん活動記録 岩木山麓ぬくもりの食卓」放送	9月、リーマン・ショック
二〇〇九（平成二十一）	88歳	「鐘楼」完成祝別式。ベルギーを訪問	7月、ウイグル騒乱
二〇一〇（平成二十二）	89歳	第一回「初女さんと一緒に in 酸ヶ湯」を開催（〈森のイスキア〉主催）。NHK東北ふるさと賞を受賞	11月、南北朝鮮の間で延坪島砲撃事件が起こる

二〇一一（平成二十三）	90歳	「イスキアの畑」栽培開始。日本善行会銀章、社会貢献者表彰をそれぞれ受賞。パリでおむすび講習会	3月、東日本大震災、福島第一原子力発電所事故
二〇一二（平成二十四）	91歳	「弘前リードマン」に認定	8月、李明博大統領が独島（竹島）に上陸
二〇一三（平成二十五）	92歳	祈りの祭典で「マザー・テレサの詩」を朗読、ダライ・ラマ十四世に謁見する	1月、アルジェリア人質事件
二〇一四（平成二十六）	93歳	第二回「初女さんと一緒に in 酸ヶ湯」を開催	4月、セウォル号沈没事故
二〇一六（平成二十八）		二月一日、永眠（享年九十四）	

協力　畑野弘子氏

著者紹介

佐藤初女（さとう・はつめ）

1921年、青森市生まれ。小学校教師、ろうけつ染め講師などを経て、83年、自宅を開放し〈弘前イスキア〉を開設。92年、岩木山麓に〈森のイスキア〉を開設。クリスチャンとして、心病める人、救いを求める人々を受け入れ続けた。96年公開の映画「地球交響曲　ガイア・シンフォニー　第二番」（龍村仁監督）でその存在が広く紹介される。2016年2月死去。

著書に『おむすびの祈り』『いのちの森の台所』『いのちをむすぶ』（集英社）『「いのち」を養う食』『いまを生きることば』（講談社）『初女さんのお料理』『初女さんが子育てについて伝えたいすべてのこと』（主婦の友社）『あなたに喜んでもらえるように』（海竜社）など多数。

朴才暎（パク・チェヨン）

1956年、青森市生まれ。後に弘前に転居。20歳から随筆を発表。大学卒業後、教職、雑誌記者を経て、結婚を機に83年より奈良在住。97年より解決志向（SFA）による女性のためのカウンセリングルーム《フェミナ》を2007年まで主宰。

著書に『ふたつの故郷』（藤原書店）。

自分《じぶん》を信《しん》じて

2016年6月10日　初版第1刷発行©

著　者　佐藤初女
　　　　朴才暎

発行者　藤原良雄

発行所　株式会社 藤原書店

〒162-0041　東京都新宿区早稲田鶴巻町523
電　話　03（5272）0301
FAX　03（5272）0450
振　替　00160-4-17013
info@fujiwara-shoten.co.jp

印刷・製本　中央精版印刷

落丁本・乱丁本はお取替えいたします
定価はカバーに表示してあります

Printed in Japan
ISBN978-4-86578-071-0

激動する朝鮮半島の真実

朝鮮半島を見る眼

〔「親日と反日」「親米と反米」の構図〕

朴一

対米従属を続ける日本をよそに、変化する朝鮮半島。日本のメディアでは捉えられない、この変化が持つ意味とは何か。国家のはざまに生きる「在日」の立場から、隣国間の不毛な対立に終止符を打つ！

四六上製　三〇四頁　二八〇〇円（二〇〇五年一一月刊）◇978-4-89434-482-2

「在日」はなぜ生まれたのか

歴史のなかの「在日」

藤原書店編集部編

上田正昭＋杉原達＋姜尚中＋朴一／金時鐘＋尹健次／金石範 ほか

「在日」百年を迎える今、二千年に亘る朝鮮半島と日本の関係、そして東アジア全体の歴史の中にその百年の歴史を位置づけ、「在日」の意味を東アジアの過去・現在・未来を問う中で捉え直す。

四六上製　四五六頁　三〇〇〇円（二〇〇五年三月刊）◇978-4-89434-438-9

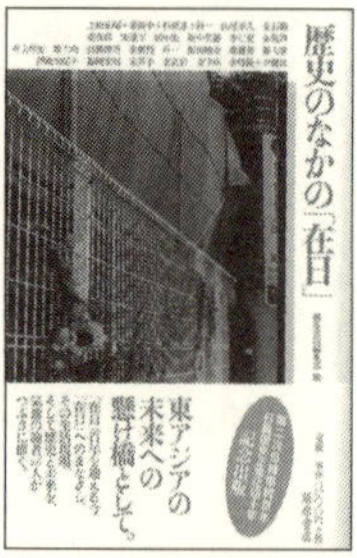

津軽と朝鮮半島、ふたつの故郷

ふたつの故郷《ふるさと》

〔津軽の空・星州《ソンジュ》の風〕

朴才暎

雪深い津軽に生まれ、韓国・星州（ソンジュ）出身の両親に育まれ、二十年以上を古都・奈良に暮らす――女性問題心理カウンセラーとして活動してきた在日コリアン二世の、初のエッセイ集。「もしいまの私に〝善きもの〟があるとすれば、それは紛れもなく、すべてあの津軽での日々に培われたと思う。」

四六上製　二五六頁　一九〇〇円（二〇〇八年八月刊）◇978-4-89434-642-0

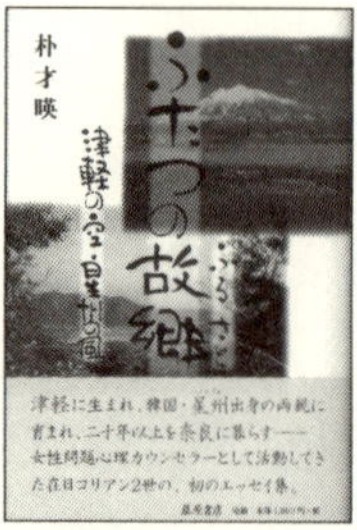

132人の識者が「アジア」を論じつくす

「アジア」を考える 2000-2015

藤原書店編集部編

一三二人の識者が「アジア」を論じつくす。高銀／岡田英弘／新川明／池澤夏樹／石井米雄／板垣雄三／稲賀繁美／今福龍太／上田正昭／鵜飼哲／王柯／大石芳野／大田昌秀／小倉和夫／川勝平太／川村湊／金時鐘／黒井千次／国分良成／子安宣邦／白石隆／杉山正明／鈴木靖民／高野悦子／田中克彦／辻井喬／中島岳志／針生一郎／増田寛也／モロジャコフ／家島彦一ほか

四六並製　二九六頁　二八〇〇円（二〇一五年六月刊）◇978-4-86578-032-1

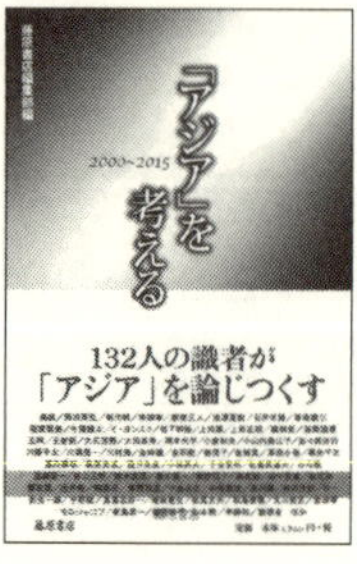